魅力课堂 实践指南

曾军良 著

科学技术文献出版社
SCIENTIFIC AND TECHNICAL DOCUMENTATION PRESS

·北京·

图书在版编目（CIP）数据

魅力课堂实践指南 / 曾军良著. -- 北京：科学技术文献出版社, 2025.8. -- ISBN 978-7-5235-2727-6

Ⅰ. G424.21-62

中国国家版本馆CIP数据核字第20252D9F61号

魅力课堂实践指南

策划编辑：孔荣华　　责任编辑：吕海茹　　责任校对：张永霞　　责任出版：张志平

出 版 者	科学技术文献出版社
地　　　址	北京市复兴路15号　邮编 100038
编 务 部	（010）58882938，58882087（传真）
发 行 部	（010）58882905，58882870（传真）
邮 购 部	（010）58882873
官 方 网 址	www.stdp.com.cn
发 行 者	科学技术文献出版社发行　全国各地新华书店经销
印 刷 者	中煤（北京）印务有限公司
版　　　次	2025年8月第1版　2025年8月第1次印刷
开　　　本	710×1000　1/16
字　　　数	207千
印　　　张	15.5
书　　　号	ISBN 978-7-5235-2727-6
定　　　价	68.00元

版权所有　违法必究

购买本社图书，凡字迹不清、缺页、倒页、脱页者，本社发行部负责调换

魅力课堂的理念研究与实践操作探索过程

自我国第八轮基础教育课程教学改革以来，通过新课程改革、新教材改革、课堂教学改革、学习方式变革，我国基础教育改革取得了令人瞩目的成绩，教育教学质量得到显著提高，学生能力得到显著提升，但仍然存在不少问题，如课堂教学过于模式化，改革经验不具有普适性，无法复制和推广，学生课业负担较重，应试教育倾向较强等。因此，我国基础教育教学亟须一种真正从促进人的全面发展出发，具有普适性，可以复制和推广，能全面提高学生核心素养的课堂教学形态，以满足我国基础教育课堂教学改革的需要，通过教育培养更多适应未来社会发展的栋梁之材！2011年，我接任北京实验学校（海淀）（原北京市立新学校）党委书记兼校长，在这所北京市海淀区唯一的公办十五年一贯制学校，开始了以魅力课堂为核心，旨在打造基础教育普适品牌的魅力教育改革。《魅力课堂实践指南》是我对40年魅力教育教学经验和教育智慧的总结和升华。

近15年来，为了探索和实践魅力教育，我主持制定了学校"一五"规划、"二五"规划和"三五"发展战略，极大地推动了以魅力课堂为核心的魅力教育普适品牌的探索与实践，有力地促进了学校的快速发展和教育教学质量的提升。关于魅力教育的探索，近几年我陆续出版了《高效学习方略》《爱与智慧的教育》《给教师的成长建议：自"觉"成就卓越》《魅力教育向未来》《魅力教育　义无反顾》《魅力教师》《魅力课程》，以及教育家成长丛书《曾军良与魅力教育》《魅力教育激活成长动力：曾军良魅力初中物理教学16例》等专著。我所在的教育团队在《人民教育》《中国教育报》《中国教师报》

《教育家》《中小学管理》《当代教育家》《中华儿女》《北京晨报》《北京晚报》《现代教育》等报刊上发表有关魅力教育和魅力课堂研究的文章百余篇，中央电视台、北京广播电视台、中国教育电视台先后数十次报道我校魅力教育的成果和进展。同时，我们专门开设了"魅力教育普适品牌"和"北实教育"公众号，及时发布魅力教育和魅力课堂的最新研究成果、魅力实践创新活动成果，公众号文章被众多媒体广泛转载。

魅力课堂的构建尊重学生自然天性、成长规律，激发学生内在动力，让教学迸发出绚丽多彩的魅力光芒，让学生在激情、快乐、趣味、幸福中学习成长，从而推动学生在独立学习、合作学习、探究学习、分享学习、迁移学习、总结学习、系统学习中主动成长、创新发展，让学习成为学生生命成长本身的需要。魅力课堂与直接把知识学习效率作为追求目标的课堂不同，它是以尊重人的情感体验（快乐与积极）为出发点，目的是为学生的学习注入动力，从而激发学生的学习活力，达到高效学习的目标，实现学科育人。因此，这样的改革更加关注过程的品质（魅力），更加充满了人性的温情，更加重视育人的效果。

魅力课堂在探索中前进，我校专门成立学术委员会，针对魅力课堂开展了一场深刻的理论探索与实践研究活动，近300位教师分别在幼儿园、小学、初中、高中的课堂中积极进行实践研究，通过不断地进行学术交流、课堂实践、总结反思，我们找到了实现魅力课堂价值追求的发力点，即探究"提高课堂学力"的途径，探讨"激发学习活力"的办法，深究"增强教学魅力"的策略。

提高学生的学力，推动学生思维的发展和灵性的生长，这是课堂教学的核心；激发学生学习的活力，培育学生学习的激情，激活学生生命成长的动力，这是课堂教学的关键；增强教学魅力，提升教师品位，提高学科兴趣，建立良好的师生关系，实现学科育人，这是课堂教学的目标。通过魅力课堂的实践探索，我们逐步改变了课堂上师生的生命状态，激发了师生成长的动力，全面提升了育人效果。

魅力课堂是激情澎湃的课堂，在激情中唤醒梦想；魅力课堂是美丽的课堂，在美丽中陶冶心灵；魅力课堂是自主的课堂，在自主中开发潜能；魅力课堂是互助的课堂，在互助中体验温暖；魅力课堂是开放的课堂，在开放中拓展视野；魅力课堂是分享的课堂，在分享中展现精彩；魅力课堂是快乐的课堂，在快乐中幸福成长。在教学中，教师要站在孩子的角度上，真正构建起"师生学习共同体"，实现"教学相融"。教学相融意味着人人参与，意味着平等交流，意味着师生合作、生生合作的建构。对学生而言，教学相融意味着主体性的凸显、个性的张扬、创造性的解放。对教师而言，教学相融意味着上课不仅可以传授知识，而且可以分享快乐促进学习；不是教师单向的付出，而是生命活动、专业成长，是自我价值的实现。

究竟什么是魅力课堂？我的基本观点：魅力课堂是"引力场"、魅力课堂是"思维场"、魅力课堂是"情感场"。魅力课堂的价值取向是由"知识课堂"走向"生命化课堂"，具体表现为从事有道德的教育、打造有魅力的课堂、追求有良知的高效、创建有文化的校园。这样的魅力课堂，会激发学生基于内在兴趣和需求的学习行为，最终，强大的内驱力使学习成为学生生命成长本身的需要。教师只有不断挑战自我，才能与时俱进，让课堂变得高效且富有活力。

自2011年以来，通过与北京教育科学研究院联合举办魅力课堂展示、魅力教学节、家长课堂开放日、接待跟岗交流、校级学科督学、学科大教研、研发开设衔接课程、主题项目融合课程、魅力课堂常态化实施等活动，我们有力促进了魅力课堂理论实践的深入研究和完善。我校在北京市平谷区、北京市顺义区、河北省三河市、河北省唐山市、甘肃省临夏回族自治州、内蒙古自治区赤峰市、重庆市高新区、湖南省湘阴县、广东省中山市、河北省怀安县等地开展魅力教育迁移实验。这些开展实验的幼儿园、小学、初中、高中均取得了显著办学成果。我校数十位青年教师在全国"绿色课堂杯"大赛、北京市海淀区教师基本功大赛等教学比赛中，屡获特等奖和一等奖；多位特级教师应邀参加由北京市教育委员会、拉萨市教育局、北京教育音像报刊总社承办的"京藏优质教育资源远程互动教学项目"。2019年我校被《中国教师报》推荐为全国中小学课堂改革年度十大样本之一。随着魅力课堂的实践推进，我校各学段、各学科的优秀课例不断涌现。我校承接"北大、北师大、首师大国培班"等全国各地的校长、教师跟岗培训班达百余期，我和我校教师应邀到全国各地进行魅力课堂培训和魅力课堂送教千余场。每次接待骨干校长和骨干教师跟岗及外出培训送教，除介绍魅力教育、魅力课堂、魅力课程、魅力学法、魅力德育、魅力教研等方面的经验和成果外，还会现场展示魅力课堂，进一步助推魅力课堂的深入研究和基础教育普适品牌的打造，扩大魅力教育和魅力课堂在全国的辐射范围与影响。

《魅力课堂实践指南》一书详细阐述了教师修炼、课堂的动力系统、课堂的操作系统、课堂的控制系统、课堂的支持系统，有理论探索、理念阐释、操作实践、教学案例，清晰地展示了魅力课堂探索和实践的艰辛历程，是校长和教师深入理解、研究魅力课堂的重要工具书，可以为学习者提供有益借鉴。由于魅力课堂的研究探索还在深入进行之中，本书难免有不当之处，敬请各位读者、同仁和教育专家批评指正！

二〇二五年三月

教师要深耕课堂

教育是立国之本，教师是教育之基。教师是知识的传递者，更是学生思想道德建设的引导者、学生创新能力和实践能力的培养者。教师的专业素养和教学能力直接影响教育质量。

《教育强国建设规划纲要（2024—2035年）》提到"强化学校教育主阵地作用，全面提升课堂教学水平"。课堂作为教师传授知识、培养学生能力的主阵地，其重要性不言而喻。深耕课堂是提升教师专业素质能力、提升教学质量、推动学生全面发展的关键理念。

深耕课堂的内涵

"深耕"原是农业生产中的术语，指对土地进行深度翻耕，以此改善土壤结构，提升土地肥力，为农作物生长营造优良环境。

深耕课堂指教师在教学过程中深度钻研教学内容，精心构思教学环节，密切关注每一个学生的学习需求，不断提升课堂教学的效率，从而实现课堂教学的优质与高效。

深入研究教学内容

教师不仅要对任教学科的教材知识体系进行系统梳理，更要挖掘教材背后所蕴藏的学科思想、核心素养及与现实生活的关联，帮助学生真正理解知识本质，实现知识的迁移与运用。

精心设计教学方法

教师要根据学科特点和学生的认知特点，通过开展小组合作学习、项目式学习，不断激发学生的学习兴趣和积极性，引导学生主动体验探究知识的过程，提升学生在真实情境中解决复杂问题的能力。

关注学生个体差异

每一个学生都有其独特的学习风格、兴趣爱好和认知水平。教师需通过观察、交流等方式，深入了解学生的特点，为他们量身定制教学计划。在课堂教学中，要设置分层教学目标，提供多样化的学习任务，让每一个学生都能在自身的"最近发展区"得到充分发展。

持续反思和改进

教师要持续更新教育教学理念，及时复盘、反思、总结、提炼，调整并优化教学策略，积极参与教学研讨活动，与同事交流教学经验，共同探讨教学中遇到的问题及解决办法，不断提升教学质量。

深耕课堂的必要性

提升教师专业素养

深耕课堂对教师的专业素养提出了更高的要求。深耕课堂要求教师持续学习并更新教育教学理念，深入研究教材与学生，不断改进教学方法和策略。教师在探索和实践新的教学方法和策略的过程中，需要不断学习和调整，从而实现教学能力的增强、课堂控制和管理能力的提升，在一定程度上提升自己的专业素养。

提升教学质量

深耕课堂是提升教学质量的关键。教师要通过自主深入研究、参加集体备课、学习名师课例等方式，更为精准地把握教学目标与教学内容，调整并优化教学方法，精心设计教学环节，激发学生的学习兴趣，提升学生的课堂参与度，从而提高课堂教学的效率与质量。

促进学生全面发展

关注学生个体差异的课堂，能够满足不同学生的学习需求，为不同程度的、不同特性的学生提供个性化的学习支持。这有利于激发学生的学习潜能，培养学生的自主学习能力、创新思维能力和实践能力，促进学生在知识、技能、情感态度、价值观等多个维度的全面发展。

深耕课堂的策略

打造课堂动力系统

教师要激发学生学习兴趣。兴趣是最好的老师，教师要艺术、科学地组织教学，营造平等和谐的课堂氛围，通过创设教学情境、巧用媒体技术等方式激发学生的学习兴趣。教师在课堂教学时，要善于搭建学生展示的舞台，要注意发展学生思维能力，注重多元评价，帮助学生获得愉悦的学习体验，助力学生成长。

教师要培养学生的安全意识。在安全的环境下，人脑能够更有效地吸收信息，并能快速反应，学生学习的主动性与创造性会更加强烈，思维会更加活跃，理解与记忆会更加准确。教师要具有安全意识，善于营造温馨良好的教室学习环境，致力于建立和谐、尊重、信任的师生关系。

教师要关注学生具体需求。教师应深入了解学生的学习需求和心理特点，因材施教。通过课堂观察、作业批改、个别谈话等方式，教师可以了解每一个学生的学习情况和心理状态，及时调整教学策略。

升级课堂操作系统

确定推动素养落地的教学目标。核心素养是行为素养，是行为能力，它强调培养学生能运用所学知识解决真实情境中复杂问题的能力。素养目标是三维目标的升级，它将3个维度整合在一起，使之成为一种素养，具体表述为通过……（过程与方法），习得/理解/知道……（知识与技能），形成/培养……（情感态度、价值观）。

设计体现学生主体地位的教学活动。设计体现学生主体的教学活动是提升学生课堂参与度和学习效果的关键。在小组合作学习、问题解决挑战、实践操作体验等环节，可引导学生主动思考、动手实践，激发其好奇心和创造力。教师在活动中应给予适当支持和指导，让学生感受到被尊重和被鼓励。这种以学生为中心的活动设计，能够有效调动学生的学习积极性，培养其自主学习能力和批判性思维，使课堂真正成为学生探索知识与发展能力的舞台。

实施促进学生发展的教学评价。高中课程标准建议：课堂评价活动应贯穿教学的全过程，为检测教学目标服务，以发现学生学习中的问题，并及时提供帮助和反馈，促进学生更有效地开展学习。课堂教学评价应镶嵌于教学之中，成为教学的有机组成部分，与教学活动密切联结，与学习过程良性互动，从而最大限度地达成教学目标。

稳定课堂控制系统

课堂管理是保障教学秩序和提高学生学习效率的重要环节。有效的课堂管理有助于营造良好的学习氛围，使学生能够更好地集中注意力，积极参与到学习活动中，不断增强学生的自信心和学习动力，提升课堂效率。具体来说，课堂管理包括建立课堂规则、及时处理学生的不当行为、划分小组任务以促进协作学习，以及通过积极的反馈机制激励学生。

课堂提问是激发学生思维、引导学生学习的重要手段。教师要精心设计问题，所提问题应具备启发性、层次性与针对性。课堂提问既要关注基础知识的巩固，又要注重培养学生的思维能力与创新能力。在提问过程中，要给予学生充足的思考时间，鼓励学生积极发言，并对学生的回答给予及时、准确的反馈。

深耕课堂是提升教育教学水平、建设高素质专业化教师队伍，从而推动教育强国建设的根本途径，同时也是"双减"背景下，学校破解减负提质增效难题的重要抓手。

广大教师要深刻领会深耕课堂的内涵，充分认识其重要意义，采取激发学生兴趣、关注学生个体差异、制定素养目标、开展小组合作学习等策略，持续深耕课堂，为学生的成长与发展筑牢坚实基础。

二〇二五年三月

目 录

第一辑 教师修炼 ··· 1

教师素养的提升是落实发展学生核心素养的关键 /2
魅力教师的四种境界 /9
做学生喜爱的教师 /12
何谓新时代的"大先生" /16
迈向最高境界的人生 /20
用爱点燃,用心守护 /24
在高效学习与深度思考中崛起 /27
教师应如何对待孩子的错误 /36
向每节"常态课"要教育质量 /40

第二辑 课堂的动力系统 ································· 47

塑造良好的师生关系 /48
教师如何激发学生的学习兴趣 /55
课堂上要赋予学生安全属性 /70

第三辑 课堂的操作系统 ································· 77

创设好以核心素养为导向的教学目标 /78
课堂要实现有效自学 /88
课堂要努力培养学生的合作力 /96
课堂要强化合作学习后的分享展示 /105
课堂需巧妙设置情境 /111

课堂要强化刻意练习 /120

课堂要重视发挥同伴教育 /128

课堂要实现有效的学习迁移 /137

第四辑 课堂的控制系统 ……………………………………… 157

做一个智慧的"懒"教师 /158

课堂要建立规则 /167

课堂要进行即时反馈 /174

教师要修炼好课堂上的评价艺术 /182

提升课堂追问技能 /193

课堂要有效利用错误资源 /205

第五辑 课堂的支持系统 ……………………………………… 213

提前三分钟候课 /214

不做"拖堂专业户" /219

创建魅力教室 /225

后记 ……………………………………………………………… 231

第一辑　教师修炼

教师要做有理想信念、有道德情操、有扎实学识、有仁爱之心的"四有"好老师，"四有"是基础，"引路人"是目标，这是加强新时代教师队伍建设的重中之重。我们要做学生喜爱的教师，做能让学生瞧得起的教师，做对得起自己良心的教师，做让学校自豪的教师，做让学校历史铭记的教师，做新时代的"大先生"。

教师素养的提升是落实发展学生核心素养的关键

发展学生核心素养，是新时代更好实现为党育人、为国育才的迫切要求，是培育强国梦所需人才的必然选择。学生的核心素养，主要指学生应具备的，能够适应终身发展和社会发展需要的必备品格和关键能力。学生的核心素养是所有学生应具有的最关键、最必要的基础素养，是知识、能力和态度等的综合表现。学生的核心素养可以通过接受教育来培育和发展，其具有连续性和阶段性，兼具个人价值和社会价值。文化基础是个体自主发展和社会参与的必要基础，自主发展和社会参与是促使个体适应社会和实现个人价值的重要前提与根本保证。有好的教师才有好的教育，教师素养的提升是落实学生发展核心素养的关键。

"四有"是基础，"引路人"是目标

成为有理想信念、有道德情操、有扎实学识、有仁爱之心的"四有"好老师，是新时代对广大教师提出的新要求，是加强新时代教师队伍建设的重中之重。

做好学生"引路人"，理想信念是根本

教育是一项崇高的事业。教师的胸怀决定了教师的格局。如果只看到自己眼皮底下的空间，教师是走不远的，也不会觉得教师职业有什么价值。但是，教师如果有足够开阔的视野，如果有理想社会的愿景，如果有改造社会的勇气，他就会看见教育的未来，就会为了未来而改变自己，提升自己，发

展自己。这正如宋代教育家张载所说的："志大则才大，事业大。""志久则气久，德行久。"

做好学生"引路人"，道德情操是前提

"师者，人之模范也"，教师的职业特性决定了教师必须是道德高尚的人。合格的老师首先应该是道德上的合格者，好老师首先应该是以德施教、以德立身的楷模。师者为师亦为范，学高为师，德高为范。老师是学生道德修养的镜子。好老师应该取法乎上、见贤思齐，不断提高道德修养，提升人格品质，并把正确的道德观传授给学生。老师的人格力量和人格魅力是成功教育的重要条件。"师也者，教之以事而喻诸德者也"，老师对学生的影响，不仅离不开老师的学识和能力，更离不开老师为人处世、于国于民、于公于私所持的价值观。一位老师如果在是非、曲直、善恶、义利、得失等方面老出问题，怎么能担起立德树人的责任？广大教师必须率先垂范、以身作则，引导和帮助学生把握好人生方向，尤其要引导和帮助青少年学生扣好人生的第一粒扣子。师德是深厚的知识修养和文化品位的体现。师德需要教育培养，更需要老师自我修养。做一个高尚的人、纯粹的人、脱离了低级趣味的人，应该是每一位老师的不懈追求和行为常态。

做好学生"引路人"，扎实学识是基础

教师的学识既是影响学生发展的重要外动力，又是影响教育自身发展的关键内动力。教师学识的影响，不靠直接下达命令，而在于慢慢渗入。学识越扎实，影响就越有力，越无形。教师知识体系是学科知识、教学知识、学生知识等构成的集合体。学科知识不是简单的知识点，更不是用碾碎后的知识点组合成的可供反复训练的试题。学科知识是整体、系统的结构体系，不同的人有不同的知识结构和重构路径。教学知识本质上是教师帮助学生通过有效路径实现属于他们自己的知识重构，而不是教师单向传输个人的逻辑和经验。学生知识是教师对学生的全部认知及基于认知的责任认识，是教师支持学生发展的观点和方法。从人类发展角度看，教育应该为未来准备，但教育无法超越人的发展过程和规律去凭空想象和假设。未来需要什么样的人才，这既是一个发展观问题，也是一个历史观问题。教师比学生更需要学习，更需要颠覆经验，更需要适应各种变化，更需要边学习边观察边思考，努力创新教师工作的新内涵。

做好学生"引路人"，仁爱之心是关键

教师具有仁爱之心，就是热爱自己的工作，就是敬畏自己的职业，把每一个孩子当作一个生命的传奇，用自己的智慧促进每一个学生的成长。

尊重是爱的基础。 没有爱就没有教育，没有尊重就谈不到爱。尊重孩子是爱孩子的具体表现，也是爱孩子的真正内涵。离开了尊重的爱，是一种不全面的爱，甚至可以说是一种畸形的爱，它会影响孩子正常心智的发展，使孩子难以形成健康的人格。教育孩子与严格要求是分不开的，但这种严格必须以给予尊重为前提，以不妨碍孩子的性格健全发展为标准。严格要求是爱的合理内核，而尊重则是爱的真谛。

平等地对待每一个学生。 以平常心、爱心平等对待每一个学生，欣赏他们的个性，包容他们的缺点，给予他们理解与引导。教师的心应该充满着对每一名他要与之打交道的具体的孩子的爱，尽管这个孩子的品质已非常败坏，尽管他可能给教师带来许多不愉快的事情。学生的地位是平等的，每一个学生都希望得到教师平等、公正的对待。无论是优秀学生，还是落后学生、顽皮学生，教师都应一视同仁，用同一个标准对待他们。如果教师将学生分为三六九等，有亲有疏，以自己的喜、怒、哀、乐牵制学生，使学生受到歧视和不公正的待遇，甚至讽刺、挖苦、歧视和体罚学生，则会伤害学生的自尊心，可能对学生的精神世界造成长久的伤害。

有教育情怀与家国情怀。 所谓"教育情怀"，主要表现为基于对教育的深刻认知、理解而生成科学的教育主张和办学实践，以及由此而生成的对学生发展、学校发展和教育发展的深爱、使命感与责任担当。所谓"家国情怀"，是一个人对自己国家和人民所表现出来的深情大爱，是对国家富强、人民幸福所展现出来的理想追求，是对自己国家的一种高度认同感、归属感、责任感和使命感。家国情怀一定起源于家，总是汇流向国，深植于大地，而其义直抵云天。作为新时代的中国教师，要做爱党、爱国、爱人民、爱社会、爱生活、爱生命、爱自然的表率，培养孩子成为充满爱心、具有时代责任感与担当精神的人。

教师队伍建设的新目标

兴国必先强师，教师是教育高质量发展的第一资源，是教育工作的中坚力量。新时代、新机遇、新使命，教师队伍建设也需要新目标。

从重视少数骨干教师向人人都是仁师的转变

孩子成长过程中主要受家庭、学校和社会的影响，而对一个已入学的孩子来说，其受教育的主要地点是学校。其中，老师对他的影响是深刻且巨大的。因为教师每天与学生接触6～9小时，甚至更长，而父母虽然每天与孩子在一起十几个小时，但其中睡眠时间占多半。教师与学生"有效接触"时间远远多于家长，使其更容易用自己的情感、意志、行为去熏陶和影响学生。所以，教师在孩子的成长过程中扮演着至关重要的角色，一位优秀的老师是学生成才过程中不可或缺的因素。每一位教师都在影响一大批孩子，每一位教师都很重要。办好学校、培育人才需要每一位教师的辛勤付出、智慧耕耘。学校要从重视骨干教师的培养，转变为面向全体教师的培养，助力每一位教师都成为新时代的仁爱之师。

从争做特级教师向人人都做特色教师的转变

每一位教师都应有崇高的理想，不辱使命，砥砺前行，成为有特色的教师。选择成为一名特色教师，是教师对自己成长方向的清醒认知。一名教师也许不具备专家、学者型教师的特质，但一定具备不同于别人的特色。努力挖掘自己的特质成为一名有特色的教师是可行的，应该努力去追寻。苏霍姆林斯基说:"一个无任何特色的教师,他教育的学生也不会有任何特色。"我们可能成不了大师,但我们不能没有特色;我们可能做不了特级教师,但至少我们应该努力让自己成为一个有特色的教师!

从被"培养"向"自主发展"的转变

教师发展终归要落实到自我发展,教师的职业生涯规划只有基于自愿、主动发展,才能产生强烈、持久的成长动力。一是制定发展规划,明确成长方向;二是构建成长共同体,引领协同发展;三是创设成长平台,促进专业提升;四是开展教育科研,凝练实践成果。

教师是学校的宝贵财富,是形成未来人才竞争优势的关键。学校要探索新形势下教师自主发展的路径,要努力搭建促进教师自主发展的多元平台,激励教师快乐、持续、自主成长!

树立"以人为本"的管理理念

所谓"以人为本",应该是承认人的价值,保护人的尊严,追求人与人之间的相互尊重与宽容。新时代的学校,就应该尊重和保护个性独立、特色鲜明的教师,捍卫教师的尊严,为教师的专业发展提供符合规范的资源、环境和条件,促进每一位教师健康、持续、快乐、自主成长。

善待每一位教师

如果把孩子比作一棵树,学校就是提供种树的场所;家长就是养分,帮助小树扩张根系、向上生长;老师就是园丁,帮助小树修枝剪叶,实现社会化和自我价值。如果唐僧没有紧箍咒,孙悟空一辈子都是泼猴。请善待每一位老师,特别是那些为孩子好、对孩子严厉的老师。老师越严厉,为孩子着想的心就越真诚。当然,老师也应该讲究教育的艺术,让孩子感受到老师的温暖与爱。家长只有和老师沟通好、配合好,心往一处想,劲往一处使,才能一起把孩子的教育做到最好。学校只有善待每一位教师,保护好每一位教师的尊严，激励教师的专业发展，才能提供更好的教育。

为教师搭建发展平台

首先，学校干部要在深入分析学校发展历史和现状的基础上，结合现代教育理论的学习，确立学校发展的特色目标和教学改革的整体目标，并围绕此目标精选教育理论和典型案例，逐步引领教师学习内化，倾心打造学习型学校。以书记、校长为主要成员的学校领导班子要先学习、先内化，为教师学习做出表率，并力争成为本研究领域的专家。其次，要开辟多种途径，帮助教师内化理论精髓。可以通过举办讲座、读书报告会、学习论坛等方式，为教师交流学习心得提供展示的舞台。从书记、校长开始，领导干部轮流登台办讲座、搞论坛，大大激发教师学习的热情；如果确实存在想不明白、讲不明白的，可以运用"借脑术"，采用请进来、走出去的办法，发挥校外专家的引领作用。最后，要引导教师立足本职工作，自主学习。学习的目的是应用所学提高自身理论水平和业务能力，不是为了应付各级领导的检查，要让教师端正学习态度，主动学习。没有扎实的实践做支撑，内化理论只能是一句空话。唯有将理论转化成以课堂教学为中心的教育实践，教师的教学行为才能发生根本性变化，也才能称得上理论内化，其专业化水平的提高才能成为现实。在推进制度落实的过程中，有的学校结合新理论的学习，修订和完善了学校教学常规，树立了新的课堂教学教育理念，积极探索更加优秀的教学方式，并通过有效的日常督查和阶段性听、评课活动，较好地发挥了管理的引领作用。

探索教师评价的新途径

学校如何评价教师，是学校发展的风向标。评价科学合理，能调动每一位教师的工作积极性，让不同岗位的教师都能全身心投入到工作中。否则，工作兢兢业业、埋头苦干的教师可能会因评价不公平或工作业绩被埋没而失去工作热情和积极性。学校在评价教师时，要将过程性评价和结果性评价有机、科学地结合起来，除了看学生学业成绩，还要看教师的教学方法、策略和育人方式是否合理，是否符合德智体美劳全面发展的要求。教师的业绩体现在学生的全面成长上。教师提高学术素养，是为了更好地促进学生的全面发展。教师的待遇有保证，获得应有的社会尊重，在和谐、融洽的工作环境中找准位置、展现才能，职业幸福感才能提升。

在我们每个人的成长经历中，一定有很多老师对我们产生了重要示范和启发作用，这些记忆中不可磨灭的痕迹不仅影响了我们的过去，更对未来我们要走的路产生深远影响。可见，教师不仅是知识的传授者，更是学生做人做事和个人发展的指导者，是塑造学生品格、品行、品位的"大先生"。

魅力教师的四种境界

选择了教育这一职业,就选择了把我们的青春、热情、精力全部都奉献给它。真诚的心灵是打开学生情感的钥匙,高尚的师德是学生心灵的明镜。用真情教书,用真心育人;用赏识点燃智慧,用爱心滋润童心。教育的成功不仅在于让学生成为一个知识丰富的人,更在于让他们懂得做人的真谛。教师在教书育人的过程中,要不断地锤炼自己的本领,净化自己的心灵,升华自己的思想,提升自己的境界。

第一,做能让学生瞧得起的教师

一位教师,如果被学生瞧不起,那就没有资格做教师,也无法在学校安身立命。被学生瞧不起是一件非常痛苦的事情,也就不可能从教育生活中得到幸福。

如果想让学生瞧得起,就得做好两件事:学高为师,身正为范。学高为师就是要把课上好,让课堂充满魅力,让孩子喜欢,能激励并促进孩子的发展。教师要用心去准备每一次教案,用心去上好每一堂课,用心去批阅好每一次作业,用心去搞好课后辅导,用心关注每一个孩子全面的成长。身正为范就是要为人师表,能够积极引导学生向着正确的方向前行。教师要做主动帮助别人的人,应该有一颗善良的心,有一颗悲天悯人的心,对弱者有着天然的同情。教师应该主动了解班级同学情况,更要去关注家境贫寒的、学习面临困难的、来自单亲家庭的同学,要把更多的爱奉献给他们。教师要爱天底下的每一个孩子,关心帮助每一个孩子,让每一个孩子得到启迪,引领每一个孩子身心健康全面成长。

第二，做对得起自己良心的教师

教师这个职业是凭良心吃饭的职业。评价教师是一件非常复杂的事情。但老师自己最了解自己：我是不是用心的？我是不是很上心？我是不是把自己的全部身心、主要的精力都献给了教育事业？我是不是对得起我拿的这份薪水？我是不是对得起坐在我面前的所有孩子？学生的父母把孩子托付给我，学校把孩子托付给我，社会把孩子托付给我，我是不是对得起这一份信任？在我的班级里面是不是经常因为我的疏忽，出现这样那样的纰漏，出现这样那样的危险？这些孩子离开我们以后，我们的教育究竟能陪伴孩子走多远？

要做让学生一辈子记住的教师，让学生一辈子都能怀念、感恩！我觉得这样的教师就做到家了，就对得起做教师这个良心活儿了。

第三，做让学校自豪荣耀的教师

每一位教师都是学校的一员。百年香江传伟业，十载魅力创辉煌。学校让我自豪荣耀，我能不能让学校因为我而自豪荣耀，我究竟拿什么奉献给学校。

我们每个人都有一个岗位，每个岗位都可能成为不可替代的岗位。每一个岗位，只要我们用心去做，都能做好，我们都可以成为学校引以为荣的教师。每个岗位都可以干得出彩，每个舞台都可以创造业绩。每个人都应该学会从自己的职业、从自己的岗位中去提升自己，把它做到极致，实现自我超越，为学校的发展、为教育事业做出重要贡献。要让学校永远记住自己，让学校为自己而自豪！因自己而荣耀！

第四，做让学校历史铭记的教师

学校永远会铭记那些为学校发展做出过突出贡献的人。我们的党务管理、学校管理、学部管理、科研管理、艺体管理、教学管理、德育管理、年级管理、班级管理、学科管理、后勤服务管理都可以创造独特的辉煌成就，让学校历史铭记。

魅力教育思想体系的创建，教育治理体系的建构，战略发展规划的制定，北实魅力教育集团的建立，魅力教育系列改革的重大成果等都将载入学校的历史。期待全体魅力人书写学校党建、德育、课程、课堂、科研、后勤等各项工作新的历史，实现五育并举，推动学校高质量、跨越式发展。期待各位魅力人努力为学校的发展、为魅力教育事业做出杰出贡献，不断创造魅力教育新的辉煌，努力成为让学校历史铭记的教师！

今天的教师必须成为终身的学习者、研究者、智慧者，才能做能让学生瞧得起的教师。今天的教师必须成为终身的进取者、奋斗者、奉献者，才能做对得起自己良心的教师。今天的教师必须成为终身的探索者、创新者、拼搏者，才能做让学校自豪荣耀的教师。今天的教师必须成为终身的创造者、引领者、好榜样，才能做让学校永远铭记的教师。

做学生喜爱的教师

教师从事的是光荣而崇高的事业，光荣而崇高的事业需要专业的境界、专业的精神。做学生喜爱的教师，才能提升立德树人的效果，才能担当起为党育人、为国育才的神圣使命。良好的专业素养和积极的精神气质是一名普通教师成长为受欢迎的教师所必需的品质。

像父亲一样严而有爱、伟岸如山的教师

这样的教师往往把班级管理得井井有条、规范有序，又受到学生的敬重和喜爱。他们认为，学生正处于成长发育阶段，难免会有这样或那样的缺点和错误，所以必须按照学生的言行规范来严格要求他们。也正因为这些缺点和错误是难免的，是成长中的问题，教师要有包容心，所以对他们的要求应该有度，按照他们的成长规律，给予他们改正缺点和错误的时间与机会，不能一味地批评和指责，甚至施行体罚或变相体罚。

像母亲一样春风化雨、慈爱如水的教师

这样的教师多为中年女教师，她们有抚养孩子的情感体验，知道抚养一个孩子的艰难、困苦，所以对待学生会表现出关爱和耐心，体现出一种温柔的母爱。学生愿意将自己的心里话和烦心事告诉这样的老师，而且在老师那里总是得到耐心的指点和满意的回答，所以他们对老师感到特别的亲切，也特别听老师的话，从老师那里不断获取前行的力量。

像哥姐一样亦师亦友、风华正茂的年轻教师

年轻教师刚刚走上工作岗位,年龄与学生很接近,像大哥哥大姐姐,所以与学生很合得来。他们非常热情地想把所学的教育理论用于实践,他们精力旺盛,他们充满激情,他们毫不倦怠。他们不会指责或体罚学生,他们还没有功利思想,与学生相处的时间多,经常跟学生一起玩耍,和学生成为知己,自然受到学生的欢迎和喜爱,师生间能留下很多生命中难忘的故事。

宽以待人、爱人以德的教师

这样的教师心胸开阔,善解人意,对学生的缺点和错误能够采取宽容的态度,学生很愿意亲近这样的老师。比如,一个学生上语文课画画,被语文老师发现后,老师指出他画画选择错了时间和地点,同时鼓励他在合适的时间和地点发展自己的兴趣和特长,动之以情,晓之以理,让学生口服心服,这个学生后来不但打好了知识基础,而且发展了个人兴趣和特长,一生心存感激。

俊秀潇洒、气宇轩昂的男教师

对长得很帅的青年男教师,学生可能会视为青春偶像,但有个前提就是与他们合得来,能成为哥们儿,而且课要讲得特别好,既有真本事,又有高度的责任感,让人崇拜。学生讨厌那些虽然长得帅气,但动不动就斥责甚至体罚学生的青年大个子男教师,认为他们无能,只会用武力征服学生。

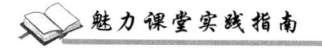

温柔甜蜜、秀外慧中的女教师

学生欣赏温柔可亲、秀外慧中的女教师。她们性格随和、衣着得体、温柔大方、声音好听，讲课表情丰富、生动有趣，上课轻松愉悦，给人一种美好的享受。她们对学生有耐心，像知心姐姐，学生特别喜欢上这种老师的课。学生讨厌那种说话急躁、语气凶、表情总是严肃的教师。

风趣幽默、妙趣横生的教师

这种教师讲课往往用具体生动的事例引入新课，把深奥的道理讲得深入浅出，浅显易懂。看到学生走神、疲劳时，就会适时用风趣幽默的语言调节课堂气氛，调动学生情绪，让学生乐学。他们特别善于激发学生的学习兴趣和热情，调动学生学习的积极性，学生学得轻松愉快而且效率高。学生讨厌那些讲课枯燥乏味而又成天要他们死记硬背的教师。

真才实学、炉火纯青的教师

这样的教师并非有多高的学历，而是勤奋学习、科学研究、严谨治学、追求卓越。要给学生一杯水，自己就要备有一桶水，甚至是拥有一条奔腾不息的河流。这水不仅是知识方面的，也是人格和魅力方面的，可以具体反映教师的道德观念、面貌和才智。这种教师是学生成长的示范者和榜样。

以身作则、师德高尚的教师

这样的教师是立德树人的先锋，是学生成长的表率。凡是要求学生做到的，自己首先做到；凡是学生一下子难以做到的，从不强求学生。教学生做人，自己首先要做好人。这样的教师总是实事求是，循序渐进，计划性、阶段性很强，往往将大计划分成小计划逐步实现，并且教育的针对性很强，因材施教，因地制宜，从不好高骛远或简单粗暴。

教育是一种润物无声的浸染，不是疾风暴雨的荡涤；教育是一种春风化雨的感化，不是厉风严霜的摧残；教育是一种顺其自然的发展，不是千人一面的雕琢；教育是人格、情感、意志、知识、能力等综合因素的协同发展，不是一架架考试机器的制造。

教师的人格魅力、宽容博爱及渊博的知识潜移默化地影响着学生，对学生的发展起着巨大的作用，一位教师，只有在受到学生喜爱时，才能真正实现自己的育人价值。

何谓新时代的"大先生"

党的十八大以来,对新时代教师队伍建设工作明确提出新要求。2021年4月19日,习近平总书记在清华大学考察时强调:"教师要成为大先生,做学生为学、为事、为人的示范,促进学生成长为全面发展的人。"2022年4月25日,习近平总书记在中国人民大学考察时勉励广大教师"既精通专业知识、做好'经师',又涵养德行、成为'人师',努力做精于'传道授业解惑'的'经师'和'人师'的统一者","以模范行为影响和带动学生,做学生为学、为事、为人的大先生"。这充分体现了党对广大教育工作者的殷切期望,为新时代教师队伍建设指明了前进方向,提供了根本遵循,我们要深入理解、准确把握、积极践行。"大先生",既是对教师的社会地位、学术地位与政治地位的充分肯定,又是对教师个人专业发展的新坐标。"大先生"之"大",不在年龄之大,不在学校之大,也不在学段之高,而在于信仰之"高"、修为之"深"、底蕴之"厚"及育人之"智"。

先生之"大",在于信仰之"高"

先生之"大",在于信仰之"高"。教育是国之大计,党之大计。"大"在于"心里装着国家和民族",对"培养什么人、怎样培养人、为谁培养人"了然于胸,树立对马克思主义的信仰,树立对中国特色社会主义的信念,树立对中华民族伟大复兴的信心。师之大,先生之大,为文化传承、社会进步、国家兴亡、民族振兴,在人格、品德、修养等方面受人敬仰,故,任重而道远。"大先生"应是胸怀"国之大者",将"小我"融入"大我",为了国家利益,在价值实现中走向"大先生"。我们立志做新时代的"大先生",就要以习近平新时代中国特色社会主义思想武装头脑，深刻领悟"两个确立"的决定性意义，增强"四个意识"，坚定"四个自信"，做到"两个维护"，自觉把党的教育方针贯彻到教育教学全过程。因此，广大教师要自觉践行"四有"好老师标准，当好"四个引路人"，做到"四个相统一"，担当"为党育人、为国育才"的使命，将其作为自己的人生理想和教育信仰，把对党、国家和人民的深爱融入自己的精神血脉，要在献身教育、创新教育中实现人生价值。

先生之"大"，在于修为之"深"

王国维先生指出，古今中外之哲人无不以道德为重于知识者，故古今中外之教育无不以道德为中心点。新时代、新征途，教师要把育人与育己结合起来，做到以德修身、以德净魂、以德立学、以德促教。《论语》里讲"其身正，不令而行；其身不正，虽令不从"，只有自己真正修身做人，言行才会给学生以感染。被誉为大山里的一盏灯，点燃无数孩子人生梦想的张桂梅校长，生动诠释了教育者大爱无疆、生命不息、奋斗不止的时代精神。教师要心中有榜样、满怀爱心、无私奉献，真正把为学、为事、为人统一起来，做到为人师表，润泽学生。

立志做新时代的"大先生"，要始终坚持师德为上，有言为士则、行为世范的自觉，不断加强理论学习，率先垂范，以身作则，带头弘扬中华传统美德和中华优秀传统文化，在是非、曲直、善恶、义利、得失等方面树立正确的观念，坚守精神信念高地和人格价值底线，做社会主义核心价值观的坚定信仰者、积极传播者和模范践行者；要在言传身教的过程中，用自己的道德情操感染学生，在潜移默化中塑造学生的品格、品行、品位，引导和帮助学生扣好人生第一粒扣子，自觉将爱国情、强国志、报国行融入实现中华民族伟大复兴的奋斗之中，把学生培养成为德智体美劳全面发展的社会主义建设者和接班人。

先生之"大",在于底蕴之"厚"

"学生往往可以原谅老师严厉刻板,但不能原谅老师学识浅薄。"学高为师,培养担当民族复兴大任的时代新人,必须有一批学术造诣高深,在本学科领域取得同行公认的突出成就,具有影响力的"大先生",他们既是本行业、本领域公认的杰出者,又是研究团队的核心和灵魂,能够在破解难题上下真功、求实效。立志做新时代的"大先生",就要立足中华民族伟大复兴战略全局和世界百年未有之大变局,以勇攀高峰、敢为人先的创新精神,追求真理、严谨治学的求实精神,淡泊名利、潜心研究的奉献精神,集智攻关、团结协作的协同精神,甘为人梯、奖掖后学的育人精神,研究真问题,攀登新高峰。把论文写在中国大地上,自觉回答中国之问、世界之问、人民之问、时代之问,向世界传播中国声音、中国理论、中国思想,展示真实、立体、全面的中国,让世界更好读懂中国,以彰显中国之路、中国之治、中国之理。

2022年开始,教育部决定实施新时代中小学名师名校长培养计划,旨在培养造就一批具有鲜明教育理念和成熟教学模式、能够引领基础教育改革发展的名师名校长。"大先生"作为基础教育领域的名师名校长,需要懂得学生成长规律、学科发展规律、课程教学规律及教师成长规律,广泛涉猎教育领域学术思想、学术理论、学术观点,具有基础教育的大视野、大格局、大担当、大情怀、大智慧,能够充分认识到基础教育对于国家安全、民族复兴、社会和谐及人的全面发展的基础性、先导性和战略性价值,成为言为士则、行为世范的教师专业引领者。

先生之"大",在于育人之"智"

新时代的"大先生",不仅要有知识,还要具有国际与本土兼容的视野、五育融合和学科育人的智慧,更应该具备学习、处世、生活的智慧,能够在各个方面给学生以帮助和指导。"大先生"应是专业的智者，要在教书育人上下功夫，提升育人水平。"大先生"不仅有大德、大爱、大情怀，还拥有扎实的学识和育人的智慧。"大先生"有大学识，精于教书，善于育人，勇于创新，有"强国有我"的志向和抱负，铸就人民教育的温度与品质。

"大先生"乐教书育人，要把教书育人作为毕生追求的事业，要有积极向上的心态、包容宽广的胸襟、博学优雅的素养、温润如玉的品格、全身心的投入、满腔的激情、深挚的爱心、勇于奉献的精神，乐享教育人生。育己是育人的前提，育己在于胜己，胜人者为英，自胜者为雄。以人格魅力呵护学生的心灵，以丰厚的精神启迪学生智慧，让学生健康、持续、全面、快乐成长，让每一个学生都有发展，成就自我，方能无愧于新时代的"大先生"。

"大先生"要创新作为，作为中小学教师，我们离"大先生"还有一定的距离，但应当朝着这个方向去努力，先做好老师，先做"小先生"再说。成为"大先生"不仅是个称呼，更应体现在我们日常的教育教学中。立足当下，放眼未来，青少年是实现第一个百年奋斗目标的见证者，更是实现第二个百年目标、建设社会主义现代化强国的生力军。教师要在坚守立德树人的基础上，培育青少年担当起实现中国梦的新时代重任，在全面推进民族复兴的征程中，绘就更加灿烂的魅力教育画卷，这是新时代赋予我们的使命。

润物无声细无痕，春风万里润无声。我们应守教育初心、担筑梦使命，为新时代教育事业的强国建设、民族复兴伟业做出新的更大贡献！致敬教师，致敬新时代的"大先生"！

 迈向最高境界的人生

境界,是一个奇妙的词,境界究竟是什么?境界是指人的思想觉悟和精神修养,也是自我修持的能力,即修为。在生活中,人们的思想觉悟和精神修养总是不一样的,可作为社会中普遍的价值取向,人们总希望自己是一个有较高思想觉悟和良好精神修养的人,以便体现自己在整个生活中的价值与意义。一个人的经历和悟性最终决定了他的人生境界。一个人有什么样的境界,就意味着他会过什么样的生活。追求更高的境界,迈向更美好的人生!

人生的最高境界,是信仰

人的生活可以划分为三个层次:一是物质生活,二是精神生活,三是灵魂生活。物质生活是衣食住行等物质享受;精神生活是学术、艺术等精神享受;灵魂生活就是人生的信仰。在某种程度上可以说,生活的最高境界就是艺术,而艺术的最高境界则是信仰。

信仰,是人内心的明灯。它使人有了敬畏之心,让每个人对生命、伦理、规则、法律都心存敬畏。有信仰的人,精神有归属,灵魂有依靠。信仰是一个准则,是时刻衡量着人的言行的标尺。有信仰的人,在做事的时候,不需要别人要求他,不需要别人盯着他,这就是信仰的力量。一个好的信仰,能从内心和道德层面改变一个人,也能让人懂得珍惜生命,活得更明白自在。雨果曾说:"信仰,是人们所必需的,什么也不信的人不会有幸福。"因为,人有怎样的信仰,就有怎样的人生。

相处的最高境界，是尊重

相处必须相互尊重。每个人都应该被尊重。在与他人交往中，我们需要尽可能地避免使用带有歧视性或贬低性的语言。同时，我们也需要尊重对方的意见和选择，不要试图去改变或控制对方。只有在双方都能够彼此尊重的基础上，才能建立起真正的信任和友谊。

人与人的相处是一个十分复杂的过程，每个人都有自己的经历、立场和思考方式。因此，与人相处的最高境界是相互尊重，彼此成就。欣赏别人是一种境界！善待别人是一种胸怀！关心别人是一种品质！理解别人是一种涵养！帮助别人是一种快乐！

生活的最高境界，是有趣

梁启超认为，凡人必常常生活于趣味之中，生活才有价值。作家王蒙说："在各种骂人的词中，无趣是一个很重的词，是一个毁灭性的词。可悲的是，无聊的人还是太多了。"趣味，是感觉这个世界美好的前提。人有不足不要紧，但千万不能无趣。

有趣，与颜值高低无关，与财富多少无关，它需要的是一颗开放包容的心，一个真正热爱生活的人。真正有趣的生活，不需要诗和远方的堆砌，一个领悟生命真谛的人，即使在平凡的生活中，也能寻找到无穷乐趣。人活着，择一事成趣，终身去奋斗，足矣！

理想的最高境界，是平凡

周国平说："人世间的一切不平凡，最后都要回归平凡，都要用平凡生活来衡量其价值。"伟大、精彩、成功都不算什么，把平凡生活真正过好，才是最高的理想。

《中庸》开篇即说:"天命之谓性,率性之谓道。"人生的道路各有不同,按照自己的天性去生活,只要能尽性,平凡也是圆满。无论多么波澜壮阔的生命,最终都要归于日常的柴米油盐。生而平凡,并不可耻;一辈子自命不凡,自怨自艾,才是真正的不值;心比天高,命比纸薄,才是真正的不幸。

伟大出自平凡,平凡造就伟大。所有的不平凡,都来自日积月累的平凡。脚踏实地做好每一件小事,平凡的人,也可以获得不平凡的人生,平凡的工作,也可以创造不平凡的业绩。

教育的最高境界,是情怀

什么是情怀?以人的情感为基础,与所发生的情绪相对应的一种高尚的心境、情趣和胸怀。这种情怀,常表现为高尚、大雅,充满正能量且动力十足,一旦形成或者成型,就会如同永动机一样为一个人的生活、工作和事业追求提供勃勃生机和源源不断的发展动力。高尚教师的动力,来自他们的教育情怀、人文情怀和家国情怀。

所谓教育情怀,主要表现为基于对教育的深刻认知和理解而生成科学的教育主张和教学实践,以及由此而生成的对学生发展、学校发展和教育发展的深爱、使命感与责任担当。

所谓人文情怀,应该是承认人的价值,保护人的尊严,追求人与人之间的相互尊重、相互宽容。新时代的教育者,就应该尊重和保护学生个性独立、思想自由,捍卫学生尊严,为学生的健康成长提供符合规律的教育资源、环境和条件。

所谓家国情怀,是一个人对自己国家和人民所表现出来的深情大爱,是对国家富强、人民幸福所展现出来的理想追求,是对自己国家的一种高度认同感、归属感、责任感和使命感。家国情怀一定起源于家,总是汇流向国,深植于大地,而其义直抵云天。就教师而言,从事一班之教育,为着一群学生，更心系家庭、民族未来、祖国命运。若为一己之私利、分数之近利、升学之急功，就不可能有教育真正的成功。

有人曾极度渴望命运的波澜，到最后才发现，人生最美妙的风景，竟是内心的淡定与从容。真正的快乐，不在于外界，而在于己心。心中有风景，就不怕荒凉；眼里有光芒，才能见希望。一个境界高远的人，即使在窘迫的环境中，依然能让周围有序而美好，心灵宁静祥和。提升自己的境界，人生才能过得更有意义、更有情趣、更有价值！

用爱点燃，用心守护

每一个学生都有自己的个性、兴趣、爱好，每一个学生都渴望受到教师的肯定及同伴的认可，都希望自己在各方面能成长好，而且能不断超越自己。苏霍姆林斯基说过，不了解孩子，不了解他们的思想、兴趣、爱好、才能、禀赋、倾向就谈不上教育。这就需要教师走近学生，了解并关心学生，从其兴趣爱好中捕捉闪光点，不失时机加以鼓励，并给以机会充分发挥他们的潜在能力，为他们找到不断进步的支点。只有触动孩子的心灵，教育者才会有丰盈的收获。学生的主体地位和主观能动性被尊重和重视，才能使学生的发展得到动力性支持，促进学生在激情奋斗中多元快乐成长，全面优质发展。

点燃心灯，照亮美好

教育有了温情，师生才有幸福。教师用爱点燃心灯，温暖学生的心扉，也滋润自己的心灵。苏霍姆林斯基看到小女孩摘学校的玫瑰花，并没有呵斥和指责，因为其实小女孩是为了让病重的妈妈看到这世上最美的花朵；陶行知校长看到学生用石头砸人，并没有大声责骂，而是用三颗糖让孩子自己醒悟。如果教育是为人类酿造甜蜜的生活和美好的未来，那就让教师做一只蜜蜂吧——或许终其一生都不能做出什么轰轰烈烈的大事，但我们知道，那丰硕的蜂房里，总有一滴蜜是我们酿的。

爱是教育的灵魂，教育是"仁而爱人"的事业，承载着老师的呕心沥血、默默奉献。爱心是桥梁，连起师生和谐的关系；爱心是春风，温暖莘莘学子的心田；爱心是暖阳，铸就教育的新辉煌。点燃心灯，灯在心里，我们的力量，在心里；我们的幸福，也在心里。只要我们重视对学生爱心的培养，让学生懂得爱，并让爱心种子在学生的心田里生根发芽，就一定能让爱的幼苗茁壮成长，结出累累硕果！

点燃梦想，激励前行

春风化雨育桃李，润物无声守初心。校园是学习的场所，更是筑梦的殿堂。教师漫步于从教之路，行走于岁月之间，手握三寸粉笔，坚守授业之责，在用知识点燃每一个梦想的同时，也关注每一个学生是否能健康、全面、持续、快乐地成长。教师只有像慈母般关爱学生，才能激发学生内心的潜能，点燃学生奋斗的梦想，扬起生活的风帆。教师在自身勇攀学科知识高峰的同时，也要带领学生领略学科前沿的魅力，创建有魅力、乐趣的课堂，激发学生对美好未来的无限追求。

欣赏是一种鼓励，欣赏是一种默默的爱。教师不仅要有渊博的知识和堪为人师的人格力量，还要懂得欣赏孩子，更要有对学生无私奉献的大爱。苏霍姆林斯基说教育技巧的全部奥秘就在于如何用欣赏的眼光对待学生。任何人都希望得到别人的肯定和赏识，人内心深处最强烈的愿望是能被人欣赏。因此，哪怕是表面再不在乎的学生，都会有强烈的被赏识的需要。教育的艺术不在于传授本领，而在于激励、唤醒和鼓舞。此外，还要教会学生认识自己，引导他们直面自身的缺点，并凭借坚定的意志进行渐进式改良。泰戈尔说得好，不是铁器的敲打，而是水的载歌载舞使粗糙的石块变成了美丽的鹅卵石，一味批评不一定能产生良好的教育效果，而深切的关怀和爱护，可使教育成为载歌载舞的水。我们可以适度地放大优点，让这些优点散发的光芒照亮学生的心灵，激励其更好地成长。

唤醒心灵，守护成长

心灵是自然宇宙与人类智慧的结晶，每一个孩子都有丰富的心灵与巨大的潜能，教育只需要将其内在的良知良能唤醒。孩子的内心世界，就像藏满宝藏的盒子，在这个盒子里，有智慧、理性、意志、品格、美感、直觉等生命的能量。如果我们不能揭开人类心灵的神秘面纱，我们就无法真正理解教育的真谛；如果我们不能潜入人类灵魂的最深处去感悟生命的神奇，我们就永远找不到教育的力量。

教育的目的不在于传授和灌输某种外在的、具体的知识与技能，而是要从心灵深处唤醒孩子沉睡的自我意识、生命意识，促使孩子价值观、生命感、创造力的觉醒，自由、自觉地建构自我生命意义。教育不仅要从外部解放孩子，还要唤醒孩子内在的心灵能量与人格理想，解放孩子的智慧，发展孩子的潜能，激发孩子的生命创造力。孩子（特别是我们认为成绩不好的孩子）就是石块里面沉睡的狮子，我们应该唤醒孩子心灵深处的天赋潜能和内在力量，让孩子从蒙昧中醒来。而不是一味地强行要求孩子学习，无限度地增加孩子的学习负担。

守护好孩子的自尊，呵护好孩子明净的心灵，让他们见微知著、触类旁通、自觉自悟，在成长中收获自尊、自信，树立生命价值意识，当有一天，孩子惊喜地感受到一种跃动的活力、一种难以遏制的生命激情与力量的时候，教育也就触及了其真正的本质——"唤醒"，这也正是教育的精髓与智慧所在！

教育的意义与价值就在于激活孩子成长的精气神，唤醒其心灵的真善美。孩子的心智唤醒了，他就会留心发现周围的世界，探究其中的道理，并思考怎样与世界发生联系，在这个探索的过程中孩子自然会得到成长的力量，并找到自己生命的意义与方向，为终身发展与幸福人生奠基。

 # 在高效学习与深度思考中崛起

为什么我们平常学到的知识很多,也有足够的实践经验,但面对诸多问题时仍难以解决?当我们学到的知识单一、零散、浅薄时,当我们的实践体验缺乏探索、领悟与升华时,我们就无法发现规律、获取智慧、提升创新能力。只有将学到的知识融合在一起,形成一个完整的体系,才能更好地厘清问题的本质,找到解决问题的突破口。只有科学思考、深度思考,才能在突破口上找到创新的解决办法,实现自我超越!人的一生充满许许多多的不确定性,唯有不断提升学习力、发展思维力,才能踏浪而行,实现人生中的一次次突破、一次次超越,最终在事业中崛起,升华人生的价值!

高效学习,需构建知识框架体系

你是否陷入碎片化学习的低效率模式?碎片化学习,是指学过的知识不成体系,只是一个个孤立的知识点,就像碎片一样存储在大脑里,是一种低效的学习方式。碎片化学习就好比拼拼图,面对几千块拼图,如果没有一个大致的分类,单靠每块的信息去寻找更多线索,难度非常大,而且在这个过程中,还会频繁出错,效率非常低。但如果事先按照颜色对碎片进行分类,拼好每个分类以后,再进行组合,线索会更多,也能在很大程度上提高效率。

在学习一项新技能,或者学习一个新领域知识的时候,高手不会像我们一样立即开始学习,而是会根据课程大纲,或者教材的目录,构建一个知识框架,列出框架中几个重要的部分,然后进一步细化到每个部分应该学习哪些内容。有了这个知识框架,学习的目标就非常明确,从被动输入变为主动学习,学习效率也会翻倍,这就是框架力。

学习不是付出足够多的努力就够了,还要掌握正确的学习方法,如果不具备框架力,学再多的知识,都只是在堆砌信息,不仅对个人成长起不到太大作用,还会浪费大量的时间和精力,无法达到高效学习的目的。

先画整体框架图,再深入学习

当我们想要学习一项技能的时候,多数人都会选择以下3种学习方式:买几本相关的教材自学;在网上买高手的视频课程学习;报名线下的培训班。这3种学习方式,虽然路径不同,但都是照本宣科式的学习模式,按照课程大纲或者书本的目录,一节节去消化学习,然后再将每个章节的内容串联整合起来。这样学习固然没有错,但前提是老师足够优秀,能够帮助我们搭建好学习框架,或者是学习能力足够强,可以自己搭建知识框架。但多数人都不具备强大的学习能力,如果采用照本宣科式的学习方法,学习效率会很低。

学习高手在学习之前都会构建知识树,就是把要学习的领域想象成一棵树,领域内的重要内容就是树的枝干,不同主题就是枝干上的分支或者树叶,画出了这个领域的知识树,就相当于对整个领域有了一个整体的认识。比如很多职场人都在学习演讲,那么如何构建演讲的知识框架,达到高效学习的目的呢?通过课程大纲或者教材目录,我们能够了解到,演讲包含了基础知识、专业知识、技能训练3个方面的内容,那么这3个方面就构成了知识树的3个分支,每个分支又包含了很多细分内容(图1)。

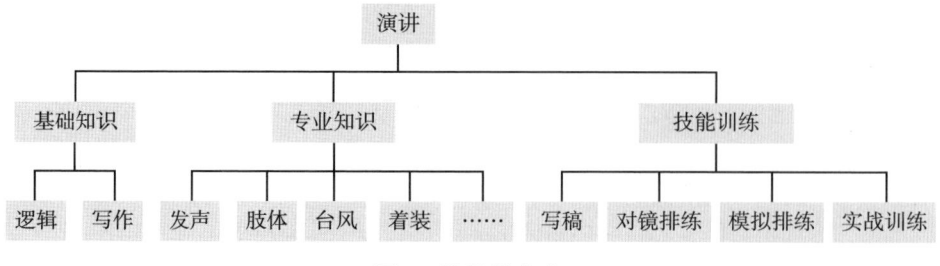

图1 演讲的内容

基础知识包括逻辑组织能力和演讲稿的写作能力；专业知识包括怎样发声，如何控制肢体语言，如何选择个人台风，如何搭配服装，如何策划主题，如何组织内容，如何制作幻灯片等内容；技能训练包括写演讲稿、对镜训练、模拟训练、实战训练等内容。

随着学习的深入，很多分支还可以继续延伸出更多的内容，比如演讲稿的写作，又包含了经验分享、竞聘演讲、知识讲解等内容的写作。通过对内容的不断补充，知识树会变得越来越茂盛，学习者对相关领域知识的理解也会更加深入透彻。

画知识框架图有两大好处：一是从全局出发安排自己的学习侧重点；二是从全局的角度分析自己学习的完成度。在学习一门新知识之前，如果先画好知识框架树，就能对该领域的知识有一个整体的把控，在针对每个分支深入学习的时候，不仅能快速找到学习的方向，还能促使大脑深入思考，提高学习效率，升级自我认知。

按照"观念—知识—技能"路径实现高效学习

在学习了一门好课，或者看了一本好书以后，大量的知识会颠覆我们的旧有认知，让我们有一种豁然开朗的感觉，同时也会遇到问题：很多知识明明已经学得很扎实了，遇到问题的时候，还是不知道该如何解决。

其实，学习有一个完整的过程，多数情况下我们的学习只是停留在了知识层面，没有进行实操训练，学过的知识没有经过实践的检验，不知道该怎么用，这也是学了很多知识依旧不会解决问题的原因之一。

很多人都在学习写作，大家在写作课上学到了很多新知识、新技巧和新观念，但要把这些观念落地的话，还需要有写作的知识框架做支撑。比如写作有哪些类型？如何选择大家喜欢的话题？怎样拟文章的标题？如何构思文章的行文脉络？

如果没有形成这些知识框架，仅仅是有一些观念上的改变，并不能写出好的文章。当有了知识框架以后，还需要针对每个细小的点进行刻意练习，然后将方法用到实际写作中，逐步将知识内化为自身的能力，这样才能掌握更多的写作技巧，成为写作高手。

"观念—知识—技能"构成了一个完整的学习过程，其实，任何一个领域的知识，都要从这3个层面去学习。

观念，是能让我们从思想认识上进行深刻改变的内容。比如学习了精力管理之后，我们知道了人在不同的时间段精力值是不同的，有了这个观念，后续知识和技能的学习会顺利很多。

知识，就是各种概念、方法、案例。大量的知识能够帮助我们建立某个领域的系统分析框架，比如精力管理需要从健身、睡眠、饮食等多个方面去努力。

技能，是经过大量刻意练习以后，我们具有的硬本领。将知识用于实践，其实就是把知识变为自己技能的过程。实践的过程中会遇到各种各样的问题，通过解决问题能够学到很多方法和技能，这样以后在遇到相关问题的时候，就能快速想出策略，高效解决问题。

学习不仅仅是为了改变观念、收获知识，还是为了解决复杂的问题，只有完成了观念、知识、技能3个层面的学习，才能形成一个完整的闭环，实现高效学习。

认知越高，越敬畏因果报应

学习是一程有起点无终点的生命旅行，学习是精神的发动机，是人生的增值器，是生命最大的财富。只有终身学习，才能不断提升认知的层次；只有坚持终身学习，人生的发展才能水到渠成。

认知水平越高的人，越敬畏做事的因果

此刻不经意的懈怠，也许正在给未来的自己挖下深坑。眼前的成功，也可能是过去的坚持有了回响。作家胡安焉曾在上海一家便利店打工。他入职

后的第一件事，就是把员工条例抄录下来。平时摆放商品、按照报表的注意事项，以及面对顾客提问时的回答，他都一板一眼按条例上的来。店里老员工常嘲笑他，每个月两千块钱的工资，犯得着这么起劲？一天夜里，一位车行经理走进便利店，径直来到胡安焉面前，希望他为自己工作。面对胡安焉的不解，经理解释道："我最近每晚都到你家买夜宵，发现只有你一直按规定佩戴口罩。"不久，胡安焉跳槽到一家山地自行车销售公司。车行经理不仅提供更高的月薪，还免费帮他解决了住房问题。反观那些嘲笑他的同事，仍然在便利店里一边值夜班，一边感慨他运气真好。但其实，生活没有突如其来的好运。愿意一直努力的人，不是因为能预知这样做的结果，而是他们相信因果不虚。在小事上积累自己的善因，才能在决定人生的大事上结得善果。

认知水平越高的人，越敬畏做人的因果

在生活中常常见到，一味想占别人便宜的人，最后往往会咽下自己种下的苦果。电视剧《繁花》中，爷叔传授阿宝的生意经发人深省。但最让我印象深刻的，是他对着装的要求：见客要全副行头，香烟盒子、打火机、钱包，要落落大方；衬衫要现熨现穿，才够挺拔；西装要人穿衣，不让衣穿人，要远看、近看、站着看好看。经过爷叔一番打理，阿宝整个人焕然一新，在生意场上也是左右逢源，很快成为远近闻名的宝总。没有人有义务透过邋遢的外表，去探寻你内在的才华和见识。打理好自己的形象，时刻保持正向的磁场，才更容易把机会和好运吸引到身边。这也是一种为人处世的因果。

认知水平越高的人，越敬畏经营家庭的因果

爱是理解与包容，亲人间需要体谅，对待家人，要懂得换位思考，理解家人的不容易。最好的婚姻，是你体谅我的辛苦，我懂得你的不易，相互体谅的婚姻，就算再苦再难，也能甘之如饴。家庭是温暖的港湾，家人存在的意义就是互相取暖，困境时有人懂得，逆境时有人牵挂，绝境时有人理解。就像赵玉平教授说的那样，家庭和事业看似没有直接联系，但当你的九成精力都被用来应付家庭矛盾，何谈做什么大事？家中不宁，必然无心事业，家庭和睦，方能安心打拼。用心经营家庭这片土壤，终有一天会收获参天的福报。

深度思考，实现人生的跃迁

抱着已学到的知识止步不前，迟早会江郎才尽。学的越多，思考的范围越广，视野就越开阔。同样一个问题，你想到了第1层，别人可能想到了第5层。生活中，很多人容易被表面现象迷惑，从而轻率下结论。一直在表面上努力，从不深入思考，只会越努力越迷茫。高手与普通人的最大区别，便是思维方式。学会深度思考，才能够透过冰山，挖掘出底层规律，实现人生的跃迁。

深度思考是指不断逼近问题本质的思考过程。它涉及对未知事物或已知事物的深入探索和发现，以达到对问题更全面、更深刻的理解。深度思考不仅包括对事物表象的观察，更重要的是通过思考逐步探索到问题的核心，从而产生新的发现并推导出属于自己的答案。这个过程要求我们在思考时保持理性，通过分析事物的对错，权衡利弊，以提供可行的方案。深度思考还能促进思维的转换，让我们在面对问题时能够沉下心来彻底思考，培养出一种能够深入思考问题的能力。

用思维导图法归纳出自己有何不同

思维导图是一种思维逻辑结构清晰的图，它可以让我们更好地理解别人、分析自己。但很多时候，很多人都会因为没能将自己的思想与别人进行沟通而感到遗憾。所以这种方法对于没有时间进行深度思考的人来说，是非常不错的选择！那么我们该如何在平时的工作和生活中不断去运用呢？答案就在于我们能将自己所学到的知识与思维导图相结合，从而达到更好的运用效果。

做事需要系统思考

为什么要做一件事情？如何才能把事情做好？遇到什么问题要去解决？做事情有哪些方法？遇到什么样的复杂事情要学会独立思考？在解决这些问题的过程中有没有产生思维的裂变？

为什么要做一件事情？我们做一件事情之前，首先要考虑清楚我们为什么要这样做。我们应该把自己看成什么样子？我们想要达到什么样的目的？这些问题解决好了以后我们才能开始思考做一件事情应该如何做。

如何才能把事情做好？首先，需要知道这件事情的基本知识，这可以从以下几个方面进行考察。①我已具备哪些知识？②有哪些事情可以做？③为什么可以做？④如何做？⑤怎么做才能完成？

遇到什么问题都不能推诿，而要想方设法去解决。问题点就是生长点、创新点、突破点，我们要注意不停地思考，不停地学习，不停地实践探索，这样的过程就是不断地思考、解决问题的过程。即使在解决问题的时候失败了，失败也可以给我们一种教训，让我们变得更成熟。所以想要成长就要去发现问题，研究问题。只有学会分析问题，才能提高解决问题的效率，才能在发现问题之后快速地解决问题，而这也是我们成长为一个优秀员工必备的一项技能。

深度思考，不仅表现在思维方式上，也体现在战略层面上

无论是过去，还是现在，深度思考都具有强大的战略意义。从历史来看，世界从来不会因为人们的懦弱而放弃前进的道路，退却终将没有出路。从发展的角度来看，世界上没有什么是一成不变的。没有任何一个国家会轻易认输，也没有任何一个企业会轻易屈服。所以面对困难时我们不要害怕、不要逃避，这才是对自己的未来负责。

不要害怕时代的变迁，而是应该认识到我们过去所经历的一切都是对未来的提醒、警示和警醒。所以我们应该努力去学习，通过深度思考去洞悉过去发生的事情，去抓住它，利用它。当下与未来是最有可能被颠覆的时代，也是最有可能实现弯道超车的时代。纵观历史，每一次重大变革都伴随着一次重大危机。人们只有具备了深刻思考的能力，才能站在巨人的肩膀上实现弯道超车。

未来是没有什么事能让人置身事外的，一切事情都要在未来发生。

当今社会已经没有什么是不可改变的了，所有的规则和思想都是在不断变化中发展的，没有一个规则和思想会永远不变。所以我们要善于改变现有的落后观念和做法，一切行动都要基于未来。有了清晰的战略布局和规划才能更好地制定战略和行动计划。人生中遇到困难需要深思熟虑并时刻关注事情会如何发展。如果做不到及时调整前进方向，最终很可能一事无成，甚至可能落魄一生。

持戒而行，升华生命的价值

持戒，是指在生活的方方面面中，以一颗严于律己之心，行而有矩；在生命的风风雨雨中，以一颗宁静无畏之心，动而有规；在谋生的所历所悟里，以一颗持之以恒之心，疾而有序；在谋爱的所得所感中，以一颗温良勇毅之心，缓而精进。

持戒而行，让生命在成长中成熟

生命需要在生活中成熟，常怀敬畏之心，持戒而行，于宁静淡泊中滋养生活的朝气和正气，用生命本质的善良与纯澈，悦赏自然之事物，悦纳繁杂之滋扰，向阳而行，向好而生。安享人间清欢，不乏善良的勇毅，行稳致远中，不怠笃行的智慧。正如作家木心所说："人生在世，需要一点儿高于柴米油盐的品相。"

不负流年，步履行以踏实，更要坚守热爱。无论在岁月的教诲中，还是在成长的思悟里，无论是风雨兼程，还是所遇万事顺遂，要始终保有持重心性，留心间风骨，不改初心，永远向美而生。

持戒而行,让灵魂升华

时间在生命与生活的闲忙有序中,笃定前行。回归自然的风雅,在年华的成长中,修养德行,修炼品性,臻善心智,安顿好灵魂中纯澈的意趣,拥热爱的坚守,持戒而行,方能感岁月静好,于淡泊心境中,行稳致远。杨绛先生曾说:"人总是在忘乎所以的时候马失前蹄,因此,总归得有些持重的心性。"人生是一场修行,拥持重之心持戒而行,才会让灵魂生长的空间少些欲望的芜杂,才能在身处喧嚣的浮华时,不迷失自我,不随波逐流。

淡泊心境,清明心绪,在年龄的增长中,规整阅历;在心智的成长里,精进人生。沉淀生活的平凡,珍视生命的可贵,心之所向,素履以往,为者成,行者至,心怀敬畏,持戒而行,方能行稳致远。

一个人经历越多,实践越多,他对人生、万事万物的认识就越深刻。一个人所处的环境、平台、高度,往往决定了他一生的命运与走向。在高效学习中深度思考,在深度思考中勇毅前行!无论付出多大的艰辛,无论付出多大的代价,义无反顾地走下去,每一步的努力,都将是我们以后崛起的理由和动力。

 教师应如何对待孩子的错误

学生是成长中的人,犯错误是再正常不过的事情。如果说成长的过程也是"拔节"的过程,那么错误就是成长之"节"。所谓成长,就是突破"错误之节"的限制向上生长的过程。错误在学生成长中的作用,决定了教育与错误的多维关系。错误对教育者来说,并不是负担与累赘,而是教育存在的依据,是教育改革的动力。教育就是使人从不完善逐步迈向完善的活动,是使人不断从感性走向理性,从错误走向正确的过程。受教育者如果是不犯错误的完人,教育也就没有存在的必要了。人不完善,会犯错误,但又不能停留于错误之中,需要从错误走向正确,教育就是帮助人完成这一过程的有效活动。可以说,教育是处在错误与正确之间的一种中介性活动,错误的存在使教育成为必要,为教育提供了起点,促进教育者育人理念的转变,思维方式的转化,教育智慧的提升,教育创新的突破。

错误对受教育者来说就是成长之阶

教育作为培养人的活动,无非有两个着力点,一个是培基,一个是改错。培基,即顺应受教育者自身的禀赋,在受教育者身心之中打好向上健康成长的基础,使其即便犯了错误也不至于失去方向。改错,就是从受教育者的每一次错误中找到教育的切入点,帮助他们从错误中反思,从错误中学习,将每一个错误都变成成长之阶。一时的错误,在其发生时是发展的一个挫折,但从长远来看,却是使成长更加坚固的节点。在教育的两个着力点上,培基固然重要,改错也必不可少。一方面,人的成长不是一次就能完成的,而是一个反复建构的过程,在这一过程中,没有人能够做到一直正确,不犯任何

错误；另一方面，受教育者的每次犯错，都有改则受益与不改受害两种可能，教育的作用就在于帮助受教育者从改错中受益，让错误成为孩子成长之阶。

孩子的错误也需要教育者的反思。当孩子违规（犯错）发生时，如果只看到学生的"违"，不去看"规"，就是"单向反应"；如果既能看到"违"，又能去反思"规"，则是"双向反应"。教育者应该有勇气去反思、承认学校的很多规则和班级的规定本身的缺陷与问题，能够做到以学生的违规错误为契机废除不必要的规则，改善规则的缺陷。

教师有责任对学生的错误进行教育

受教育者作为年轻一代，他们是现有世界的新来者。一方面，自身发展并不完善；另一方面，他们还要以这种不完善来与这个先于他们而存在的世界进行互动，以便开创属于他们自己的世界。因此孩子在与世界打交道的过程中自然会发生许多成长的错误。

学生的错误通常表现为违反纪律规定，一般有两种情形：一种是学生的日常行为习惯与校规、班规不符，特别是在幼升小、小升初、初升高的衔接适应期，学生对新的环境、新的学习阶段、新的制度与规则有一个调整和适应的过程，对于自制力有限的学生而言，难免会出现违反校纪校规、班纪班规的情况。严格来说，这不一定是真正的错误。因为学校、班级的某些规定，未必充分考虑到了青少年身心发展的特点和规律，可能方便管理却压抑学生的天性。对学生的这类"错"，教师要宽容、理解，采取过于严厉的惩戒措施可能会对学生身心健康造成伤害。另一种情形，确实有少数学生道德品质有问题，三观偏差，行为存在主观故意或恶意，如欺凌同学、破坏公物、打架斗殴，甚至做出一些违法犯罪的事情，对此绝不能放任纵容，必须依规实施必要的惩戒，要让他们明白，每个人都需要为自己的行为付出代价。

面对受教育者错误时，应有的观念与态度是对不同的错误采取不一样的教育方法。如果是违规错误，首先是"双向反应"，既看"违"，也查"规"。

在"双向反应"的基础上，秉持宽容精神，对学生的违规错误进行引导，帮助学生认识到违了什么规，造成了什么影响，违规的主客观原因何在，按照规则的规定与相应程序，应该受到何种处罚。如果是道德错误，要先帮助犯错人找到错误根源，认识错误对人对己所造成的伤害，进行补救，进行改正，明确处罚。当然，教育场域中的很多规则，本身就是道德规范的落实，违规错误同时也是道德错误。在这种情况下，就应该主要以道德错误的方式来处理，辅以违规错误的处理方式。

教师对待学生的错误要科学、理性分析，对孩子成长中的错误要有包容之心，要耐心细致地引导，要有静待花开的耐心；对孩子出现的道德品质问题，必须进行惩戒教育，及时有效矫正，真正担当起教育者的教育责任与使命。

教师要视学生的错误为教学的资源

孩子犯错本身也是一种认识与行动的结果。如果学生什么也不想，什么也不做，那么就什么错误也不会犯。任何人的任何行动，都存在犯错的可能，学生当然也不例外。

教师要善于将孩子学习中的错误当作学习的新起点。教师要在教学观念、行为与制度层面上对于孩子的学习行为予以鼓励、肯定，并给予孩子教学上的宽容和积极的评价。著名数学特级教师华应龙就是这样的教师，他多年所倡导的"化错教育"致力于改变人们对学生错误的刻板印象，将错误当作学习的新起点。在这样较为宽松的课堂氛围之下，教师和学生不再对错误感到羞耻或恐惧。教师会引导并鼓励学生静静倾听，认真思考，主动发表意见。在这样的课堂上，学生所犯的错误本身成为一种学习的资源，助力学生进入真正的学习。

直接经验是孩子在日常生活、学习、交往中所产生的对内外部世界的具体认识，它们具有生活性、情境性、模糊性等特点；间接经验也就是我们常说的书本知识、教材知识。实际上，教学行为不可避免地要在两种经验的交汇中展开。教学也是这样。我们教授新的知识一定要与学生原有经验建立起连接，并从学生原有经验中汲取智慧的能量，然后理解、同化新的知识，才能把它纳入孩子的思想结构里。如果教学时教师一味排斥、压抑孩子原有思想经验的参与，新知识的学习就成了痛苦的过程，最终就难以有优秀的课堂质量。

在我们的教学中，会面对孩子所犯的各式各样的错误。教师要分清各种错误的性质，认识到错误对学生知识学习和能力培养的积极意义和重要作用，从而把学生的错误当成教育的契机、教学的资源。有了正确的认识，自然就会有正确的方法，教师可以因人因时而异，发挥个人的创造性。

孩子真正意识到自己过错的时刻，一定不是在对抗的状态下。教师必须主动走向孩子，而不是一味坚守自己的原则，让学生来理解自己。孩子身上的问题都是有原因的，要设身处地从孩子的角度思考问题，对他们行为的动机给予充分理解。一般情况下，只要教师对学生的行为动机有足够的理解，学生也会与教师相向而行，慢慢理解教师的苦口婆心，教师也就能让学生意识到自己的问题，让孩子在问题中反思自己、改正错误、不断进步！

向每节"常态课"要教育质量

"常态课"是指在正常状态、自然状态下的平常课,也就是老师天天上的课、学生天天听的课。与常态课相对的课,是比赛课、公开课、展示课、观摩课、示范课、督导课等。常态课一般除上课的教师和听课的学生外,没有专家、领导、其他教师等观众,在常态课上,师生的表现都是真实的,无须"作秀"与"表演"。

教师要高度重视每节常态课

常态课对每一个学生都至关重要

学生在学校的主要任务就是上常态课,常态课是学生学习最主要的方式,学生的成长与发展主要靠常态课。学生对于学校生活的感悟、对于师生关系的感受、对于学习生活的体验,主要来自常态课。常态课是学生的"家常菜",不是偶尔吃一次的"大龙虾"。学生的成长与发展不是靠公开课、展示课等"大龙虾"课型,而是靠常态课。常态课是大量的、日常的,很多人认为其没有公开课、展示课那样高大上,很平常甚至很平淡,但是往往"平平淡淡才是真"。重视常态课的研究,提升常态课的质量,是提升教育质量的根本。

常态课对每一个教师都至关重要

上常态课是教师的主业,上好常态课是教师的天职。常态课是教师教书育人的主战场、贡献社会的大舞台。上好每节常态课,是个良心活儿,因为常态课上没有监督者和观众,学校也不可能对每一节常态课都予以监控与评

价，所以常态课上得好不好，投入多少才学与情感，履行多少责任与使命，全凭教师个人的自觉自愿。常态课最能体现与考验教师的真情实感、真才实学，最能发挥教师的积极性、主动性、创造性。

常态课是教师教学能力的试金石

上好常态课需要先进的教育理念，需要扎扎实实的基本功，不是某些比赛课的"一招鲜""一创新"就能应对的。常态课是教师专业成长的摇篮与熔炉，真正的教学相长、激励发展发生在常态课上，常态课更是师生共同成长的大舞台。话剧演员有个座右铭叫"戏比天大"；教师也可以有一个类似的座右铭叫"课比天大"。此处的课是师生天天都要上的常态课。上好每节常态课，既是教师重要的使命，也是教师最大的光荣。

教师要认真"上好"常态课

关于"一堂好课的标准"，已经有很多很多的研究与说法，这些说法大同小异，各有观点。但是对于常态课而言，要求过多过高，可能无法落地。作为"家常菜"的常态课毕竟不是成本高昂、制作精美、表演性强、显示度高、类似"满汉全席"的公开课与展示课，常态课的根本特征是常态，教师上课要有平常心，课堂教学要自然不做作。常态课是每个教师都要上的，好的常态课的标准也应该是每个教师都能达到的，这些标准应该是朴素、简洁的。每一位教师都应该在自己常态课上下真功夫，努力向每一节常态课要教育质量。

贯彻魅力课堂的基本理念

魅力课堂是"引力场"。教师要努力提高课堂的趣味性、幽默感，增加对孩子的吸引力；教师要用自身教学的激情点燃孩子学习的激情；教师要加强课堂的流程设计，实现科学与质量的统一；课堂要凸显课堂的核心——学习，推进独立学习、合作学习、倾听学习、分享学习、总结学习等多样化学

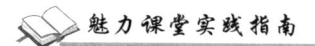

习，促进课堂进入深度学习状态。

魅力课堂是"思维场"。教师要依据课程标准，思考清楚课堂要达成的目标是什么；要将教学目标设计成具体的，具有思维含量的学科问题；教师要在多途径解决问题过程中努力培养孩子的思维能力、开发学生的多元智能；教师要重视问题的情境转化，提升解决问题的迁移运用能力；要在总结中提升学生的知识概括能力、系统思维能力。

魅力课堂是"情感场"。教师要始终从立德树人、学科育人的角度引导孩子树立正确的世界观、人生观、价值观；教师要以爱育爱、以情传情，激发孩子对学科的热爱、对生命的热爱、对生活的热爱；教师要以严谨负责的态度培育孩子的责任感、使命感。

魅力课堂是"生命发展场"。课堂教学的目的是淬炼孩子的生命品质，提升学生的生命质量，促进孩子的生命成长，实现孩子的人生幸福。

课前准备精耕细作

要学习于漪老师精耕细作的三次备课：第一次备课——摆进自我，不看任何参考书与文献，全按个人见解，准备方案；第二次备课——广泛涉猎，分类处理各种文献的不同见解（我有他有，我无他有，我有他无）后，修改方案；第三次备课——边教边改，在设想与上课的不同细节中，区别顺利与困难之处，课后再备课。她说："备课时为了改自己的口语，我真的把每一句话都背出来，把每一句话都写出来，写出来以后再修改，用规范的书面语言，改造自己不规范的口头语言，背出来再口语化。每天早上走一刻钟的路，都是脑子过电影，怎么讲，怎么开头，怎么铺展开来，怎么样形成高潮，怎么结尾，我是把它当成艺术作品来教课的呀！"于漪老师的备课给了我们深深的启发，教师是崇高而伟大的职业，需要恪尽职守、精益求精的工作态度，需要顽强拼搏、创新奉献的奋斗精神。

尊重学生的人格

要想让学生有一颗温暖的心，教师首先要拥有一颗温暖的心。教师与学生说话要和气，不伤害学生的情感。课堂上师生关系应该是民主平等的，教师要尊重每一个学生，包括学习困难的学生，教师要饱含善意地对待每一个学生，多鼓励、多表扬学生。这本身就是教师在行"不言之教"，就是在真正培养人。

创建多样化的教学方式

教师要充分认识到教学方式对于学生的深刻影响，在育人方面，尤其在学生品德养成方面，教学方式比教材更重要，因为教学方式就是教师的言传身教，对学生有潜移默化且深刻的影响。为促进学生学习方式的变革，引导学生主动学习、个性化学习，教师在教学过程中要大胆改革传统教学方式，要大胆尝试各式各样的新的教学方式，让课堂总处在不断地变化中，增加新颖感、吸引力，提升课堂教学质量。

为每一个学生夯实基础知识

知识并不只和智育有关，还内含道德、审美等内容。学生的能力发展、全面发展及核心素养的培育，都是以知识为前提和条件的。传递知识是学校存在的基本理由，我们永远都不要轻视知识。基础知识是学生以后学习的基础，教师如果没有把基础知识给学生夯实，就是对学生一生发展的不负责任。一定要把基础知识夯实，否则基础不牢、地动山摇，包括创新能力在内的能力培养就无从谈起。

课外辅导精耕细作

课堂教学真的无法满足全体学生的需求，只能满足中间70%左右学生的发展需要。前15%的学生会吃不饱，后15%的学生吃不消。学优生如何拔高，学困生如何补缺，这在时间上需要科学安排，在内容上需要精心策划，在个体上需要因材施教，在方法上需要循序渐进，在策略上需要激活潜力。

上好每节常态课需要"条件保障"

教师应该以上好每一堂常态课为定位与追求,虽然我们达不到那些公开课、展示课高成本的投入、高亮度的显示,但是每一堂课我们都应该认真对待。在课前,多一些准备,多一些付出,多一些预设;在课堂里,多一些倾听,多一些交流,多一些互动,多一些期待,多一些理解,多一些欣赏,多一些宽容,多一些学生的视角,多一些学生立场。我们应该努力把常态课上精彩,把教学的故事深深刻印在学生的心中,给学生留下美好的回忆。上好每节常态课,既需要教师自身的不懈努力,也需要很多的外部条件做保障,特别是在教师评价与教师培训方面,要为常态课的质量提升加油助力!

教师评价

教师评价是指挥棒,需要向常态课倾斜。当前,各级学科带头人、学科教学骨干等"名师"称号评选,以及评优评先评职称,往往把上过公开课、展示课及比赛课并获奖作为必要条件,使得公开课、展示课等课程显得高大上并身价倍增,蕴含巨大利益,同时使得常态课地位一再降低。这是一种错误的导向,各级教育行政部门、各级学校需要扭转这个局面。能把常态课上明白的"明师",比获得许多名誉称号的名气很大的"名师",更为重要。相关部门和学校需要改进评价标准,形成正确的评价导向,鼓励和激励教师踏踏实实上好常态课。

师资培训

区域层面与学校层面的培训、教研活动,都应该把提升教师常态课的能力,作为最重要的内容。现在的名师培养与评选制度,在某些地区出现异化现象,变得脱离学校实际,与常态课渐行渐远,不接地气。某些学校为了培养几个名师,不惜血本,耗费大量资源,到处赛课,甚至严重影响学校常态课的教学秩序,真是"一课成名百课枯"。名师评选制度、教师教研与培训等都需要进一步完善。要坚决反对"唯帽子"倾向。

从立德树人出发，研究落实教学目标，激活自身的教育潜能，激发学生的成长动能，让我们在常态课中找到自己成长的足迹，也让学生在课堂中见证自我的进步。教师一旦视"课堂"为最高尊严，就有了正确的学生观，就有了孩子的立场和视角，就会把孩子当孩子，把孩子当成自己的孩子，也会把自己当成孩子，还会把每一个孩子都放在心上，真正关注每一个孩子，让每一个孩子健康、愉悦、持续快乐地成长！

第二辑　课堂的动力系统

在课堂动力系统中，把握一个前提，塑造良好的师生关系；寻求一个局面，激发学生兴趣；打牢一个基础，赋予安全属性。有好的师生关系才有好的教育，"相互信任，相互欣赏"是师生关系的最高境界。要从科学组织教学、营造课堂氛围，智慧点燃心火、搭建成长舞台、激活内在潜能、多元激励成长等方面激发学生学习兴趣。要从安全意识、拒绝权威、避免焦虑、环境营造、尊重信任等方面给学生以充分的安全感，使其能积极、主动、大胆地参与到课堂中来。

 塑造良好的师生关系

良好的师生关系，既不是"教师第一"，也不是"学生第一"，老师与学生没有传统意义上的等级排序，只有面向未来的角色分工。他们在人格上是平等的，在交互活动中是民主的，在相处的氛围上是和谐的。良好的师生关系，在情感上亲密无间，心心相印，互相接纳——学生因为"亲其师"，所以能"问其难，信其道"；老师因为爱与信任，所以能支持、激励和陪伴学生。良好的师生关系，从形式上呈现为"学习共同体"的样子，共同的人生目标都指向学会做人、健体、学习、思考及创造性解决问题，并致力于不断自我发展。良好的师生关系，展现出"弟子不必不如师，师不必贤于弟子""无贵无贱，无长无少，道之所存，师之所存也"的道理。

有好的师生关系才有好的教育

师生关系是教育教学活动中最基础的人际关系，在很大程度上影响着教育质量、教学效果、课堂教学氛围、教师教的状态、学生学的状态等。同时，师生关系也是一种教育资源，教师和学生交互活动的过程本身具有重要的教育功能和隐性教育价值。首先，良好的师生关系有利于学生的身心健康。学生信任、敬重老师，老师关爱学生，老师成为学生的"重要他人"，对学生良好习惯的培养和向上向善价值取向的引领才会更好实现。其次，良好的师生关系有利于调动学生学习的积极性。当师生之间产生融洽、亲密的情感时，这种积极的情感往往能使学生的大脑皮层处于兴奋状态，有利于学习。最后，学生对教师持肯定、赞美的态度，欣赏老师，会对学习产生积极的兴趣和期待。

好的师生关系，需要尊重学生的民主权利，重视班集体的作用，与学生共同讨论问题、制订计划，以民主的方式指导和组织教学活动。在这种教育环境中的师生关系轻松、愉快、和谐，学习气氛浓厚，学生的创造能力较强，容易形成良好的师生关系，促进师生更加幸福地成长。

影响师生关系的重要因素

良好师生关系的建立是学生健康、和谐发展的重要保证，是实施素质教育、发展核心素养，提高教育质量的重要条件。影响师生关系的因素归纳起来主要有以下几个方面。

教师方面的因素

*教师对学生的态度。*学生受教师的评价影响很大。教师对学生的评价往往通过语言暗示、表情等反映出来。教师偏爱学优生、忽视中间生、厌恶学困生，就会使学生与教师产生不同的距离。

*教师的领导方式。*教师领导方式有专制型、民主型、放任型三种。大量事实表明，在民主型领导方式下，师生关系民主、平等、融洽；而在专制型领导方式下，师生关系对立；放任型师生关系则师生之间疏离无序，学生自由散漫，缺乏引导。

*教师的智慧。*教师的智慧不仅表现在学识上，还表现在教师的创造性上。学识渊博是学生亲近教师的重要因素之一。

*教师的人格因素。*教师的性格、气质、兴趣等是影响师生关系的重要因素。性格开朗、气质优雅、兴趣广泛的教师最受学生欢迎。

学生方面的因素

师生关系受学生对教师认识的影响。许多调查表明，学生与教师关系好就喜欢上这位教师的课，就主动亲近教师；学生自认为教师瞧不起自己，就主动疏远老师。

环境方面的因素

影响师生关系的环境主要是学校的人际关系环境和课堂的组织环境。学校的人际关系主要包括学校领导与教师的关系、教师与教师的关系、教师与家长的关系，这些关系必然影响师生关系。课堂的组织环境主要包括教室的布置、座位的排列、学生的人数等。

相互信任，相互欣赏是师生关系的最高境界

师生关系最本质的特征就是教育性

如果没有教育性，那么师生关系就沦为庸俗的哥们儿关系。教育需要"陪伴""静待花开""牵着蜗牛去散步"，但在这样做的时候，也不能仅仅只有陪伴，还必须要有不动声色的教育。苏霍姆林斯基说："教育者的教育意图越是隐蔽，就越能为教育的对象所接受，就越能转化成教育对象自己的内心要求。"一般来说，在成熟的心智、专业的能力和人生的阅历等方面，教师应该在学生之上，但就尊严而言，师生却是天然平等的。教师和学生不但是人格、感情上平等的朋友，而且是在求知道路上共同探索的、前进的志同道合者。今天的教师如何对待学生，明天的学生就会如何去对待他人。

良好的师生关系基于教师对家长的态度和家长对教师的信任

良好的师生关系还隐含着教师和学生家长的关系。持续稳定而良好的家校关系，同样重要。教师应该让家长感受到自己对教育的忠诚、对学生的真爱、对家长的尊重……这样的教师，无疑会让家长佩服。教师还应该让家长感受到自己的智慧、学识、才华、情趣，尤其是对教育的深刻理解……这样的教师，才会让家长放心。只有令家长放心和佩服，我们才能顺利地与家长建立良好的关系。

良好的师生关系应该体现平等、尊重、合作、互助

教育应该是双向的,师生应该处于平等的地位;在教师的科学引导下,师生应该互相尊重对方的意见和看法;师生应该进行积极、有效的合作来创造良好的学习氛围;在生活与学习中,师生应该互相帮助、互相支持、共同成长。

相互信任,相互欣赏是师生关系的最高境界

靠什么让学生信任和欣赏是值得教师一辈子去思考、实践的问题。因为失去了信任和欣赏,就失去了优质的师生关系,就会被优质的教育抛弃。相互信任,相互欣赏的师生关系还会有一个美妙的衍生,即相互成全。共同完成教学工作的教师和学生,抛却猜忌、对立,师生的生命共同呈现眼里有光、心中有爱的美好状态,师生之间在相互尊重、相互理解、相互包容、相互信任、相互欣赏中彼此成就、共同成长。

如何构建良好的师生关系

师生关系是影响老师与学生幸福感的重要因素,也是一种巨大的教育力量!作为老师,怎样才能营造良好的师生关系呢?

第一,真正采取行动关爱学生

老师的身份不要仅仅定位在教师身上,首先应该定位在一个人身上。学生也是人,师生关系首先应该是人与人之间的关系。作为成年人的老师应该给未成年的学生多一些真心的关爱。在于洁老师的班级里,她会在教室的后面放置一个临时早餐救急箱,里面放一些饼干、面包等小零食。这样当学生匆匆忙忙来上学,来不及吃早饭的时候,就可以到早餐箱里拿到早餐。每天早上班级学生到齐后,于洁老师都会提醒学生,没吃早饭一定要去早餐箱拿早餐,不要饿着肚子上课。刚开始,饼干和面包是于洁老师自己买的,后来家长知道了之后,主动进行了接龙。

第二，多渠道与学生产生联系

更多时间的相处、沟通、了解和陪伴是培养深厚师生感情的重要途径。想要更了解学生，并让学生更了解我们，就需要付出更多时间。

用好微信朋友圈。新老师可以和学生互加微信，经常看看学生的朋友圈，主动为学生点赞、留言，让学生感觉到自己特别受到老师的关注。坚持下来，学生也会礼尚往来，关注老师的动态，这样可以使师生彼此更加了解。老师也可以在朋友圈中多发和学生在一起的趣事、感悟，以表明自己对他们的重视和关心，让他们感受到自己在老师心中非常重要。

建立班级微信群。老师可以在微信群里发一些课程的前沿动态、最新成果、趣闻等，引导学生讨论交流。老师用心发现孩子们的优秀，捕捉故事的感人瞬间，发到班级微信群，让激励教育成为一种有力量的教育。长期坚持下去，学生就会经常关注老师发的信息，老师和学生之间就会有更多交流的话题，沟通和交流就会自然而然地发生。

第三，树立正确的学生观

教师的素质是影响师生关系的核心因素，提高教师自身修养是建立良好师生关系的基础。教师必须树立正确的学生观，承认学生既是教育的对象，又是自我教育和发展的主体，是发展中的人，才能在与学生的交往中，平等对待学生，热爱所有学生，尊重学生的人格和自尊心，维护学生的合法权益，保证教育任务的顺利完成。

第四，了解和研究学生

这包括了解学生个体的思想意识、道德品质、兴趣、需要、知识水平、学习态度、学习方法、个性特点、身体状况和班集体的特点及其形成原因。可以采取问卷调查、访谈、座谈会等方式了解学生，读懂学生。

第五，发扬教育民主

以平等的态度对待学生，不能以"权威"自居。教师要经常与学生保持沟通和交往，同时还要掌握与学生交往的策略和技巧，善于运用人际沟通艺术。要鼓励学生质疑，发表不同意见，尊重学生的看法，保护学生的积极性，保证学生的安全感，营造民主的氛围。

第六，制造意外惊喜和感动

除了在课堂上关注学生，还要在学生的生活中渗透我们的关心，以唤醒他们的情感共鸣，这样才能让他们喜欢和老师交往。逢年过节时，老师可以主动祝福学生节日快乐；天气变化时，可以提醒学生注意添加衣服；学生过生日时，可以给他们制造一个小惊喜；学期结束时，可以制作班级电子相册给他们作为纪念，或者给班里的每一个学生写一段话等。当老师这样做的时候，学生会感受到自己在老师心中的地位，从而在情感上接受老师。当学生遇到学习、生活上的困难时，老师及时伸出援手，帮助学生从痛苦中走出来，对学生无疑是雪中送炭，这样学生会更加尊重、信任老师。

第七，用好过程性评价

过程性评价是老师和学生交流的好机会，每一次过程性评价都是老师与学生的一次单独对话，用好过程性评价可以增进师生的感情。进行过程性评价要及时，要让学生知道老师在时刻关注着他们，老师认真、负责的工作态度会影响学生的日常行为，也会影响学生对老师的评价。

列举一些我经常对学生说的评价："小李今天表现好，要继续保持哦！""小杨注意力要集中哦，不要和男生打闹，要注意听讲哦！""你今天表现非常文明，老师很开心！""你学习专注，学习习惯好！""本节课你参与非常积极，就是要这样勇敢发言哦！""虽然你坐在后排，但是非常认真！"做过程性评价时，一定要针对学生近期在生活和学习中的表现给予个性化的表述，表扬和批评都需要具体。

师生关系的主导方是老师，但判定的权力掌握在学生手里。我们别低估学生的思考能力，他们判断师生关系的标准，真不只是老师多和蔼、多宽松，讲课多幽默，他们会真切地体验到"老师在教我做人做事""老师在鼓励我保持独立思考"，在感受中，建立对老师的信任。每一个学生都是一个独立的教育成长中心，学是孩子的本能，教是老师的本能。孩子接受的所有信息对他来讲都是学习，老师发出的所有信号也都是在教育。所有成年人天生都具备帮助孩子进行学习的能力，我们要做的只是像孩子一样，投入时间、精力和热情去锻炼这种能力。

未来，我们关注的师生关系的重点不应是师生交往状态，而应是学生的实质发展，关注师生交往状态是否引发了学生的情感共鸣、兴趣调动、思维发展。过分强调民主、平等，仅是形式上的以学为主体、以生为本。因此，关注多元、指向发展是师生关系发展的趋势，这也符合传统与现代、中国与西方国家、历史与未来融合的走向。

一个好老师意味着什么？意味着他热爱孩子，感到跟孩子交往是一种乐趣，相信每一个孩子都能成为一个好人，善于跟他们交朋友，关心孩子的快乐和悲伤，了解孩子的心灵，时刻都不忘记自己也曾是个孩子。教育是心灵对心灵的感受，心灵对心灵的理解，心灵对心灵的耕耘，心灵对心灵的创造。只有不带功利性的关系才可能是持续的，只有不图回报的爱，老师对学生的情感才可能是稳定的。

教师如何激发学生的学习兴趣

当学生对你所任教的学科没有丝毫兴趣的时候，作为教师的你是不是曾经思考过，责任在谁？学生厌学，只是因为累吗？作为教师的你是否曾反思过，厌学的背后是否也有你的责任？兴趣并非天生的，而是依赖于后天的培养。学生能否对你任教的学科产生兴趣，很大程度上取决于你是否能做好引导。如果要让学生对你任教的学科产生兴趣，教师本身必须热爱和喜欢自己所教的学科；并且教师要在教学中"求变"，时时为自己的课堂注入新鲜元素；教师还必须多鼓励、少批评，帮学生创造成功的机会，让学生获得成就感与满足感。

科学组织教学，营造良好的课堂氛围

《礼记·学记》中说："独学而无友，则孤陋而寡闻。"这说明，学习过程中环境、氛围对学生学习的结果有很大的影响。教学是一个共同分享知识经验、共同成长的过程。组织课堂教学要营造好教师与学生、学生与学生间的一种文化氛围，使彼此共进步、同成长。组织教学中要以激发学生的学习兴趣和积极性为主，保证课堂教学目标的有效达成，力求达到最佳的教学效果。

课堂组织教学是一种艺术

要组织好教学，教师必须关注每一个学生，运用一定的组织艺术，努力吸引学生的注意力，激发学生的情感，使学生在愉快、喜悦的心境中全身心地投入学习。课堂的组织艺术方法是多种多样的，教师在教学中要根据学生的心理特点和心理发展的需要，根据具体情况，采用不同方法因势利导地组织教学。

课堂组织教学是一门科学

科学的教学设计，有效的课前准备，良好的教学情感，多样化的导课技巧，风趣幽默且抑扬顿挫的语言风格，欣赏激励与多元评价的温馨态度，都是课堂组织教学的重要元素。教师要善于从课堂反馈的信息中，及时发现教学现状与教学目标之间的差距，能从师生双方情绪、知识传递的难度与速度、学生思维的状态进行及时、全面、有效的调控，提升课堂的吸引力与学生的注意力。教师可运用音量的变换、有意的停顿、微笑的面容、爱抚的眼神、柔和的声音、严谨的思维增强亲和力，使自己的言行似涓涓清泉，注入学生的心田。

课堂组织教学需要创新方法

在课程组织教学的过程中，教师要依据课堂的状况，灵活选择目光注视法、情绪感染法、趣味激励法、目标指引法、疑问法、停顿吸引法、小组激励法、板演法、暗示法等多种技巧，让课堂充满生机性、趣味性、多样性、创新性，深深吸引学生，使学生在激情参与的深度学习中健康成长。

教学的最高境界，不是教得如何优质，表达的观点如何深刻，而是激发学生学习的兴趣，提升他们的自主性。只有充分调动学生的积极性，让学生真正成为课堂学习的主人，这样的课堂才能体现出一个教师高超的教学水平。

昂扬教学激情，智慧点燃心火

教师的表情、姿态、手势都直接影响学生的学习兴趣。如果教师没精打采、昏昏欲睡，怎么能要求学生兴致勃勃呢？课堂应该是乐园，教者应该是愉快、乐观、积极、进取、热情、真挚、满怀信心的。每一位老师走向岗位时都是热血沸腾、斗志昂扬的，然而日复一日地面对同样的教学内容，老师的教学热情难免被消磨，职业倦怠悄然而生。有激情才会投入，有热爱才有动力,那么作为老师,应该如何保持教学热情呢?

始终保持一颗"童心"

永远为学生的欢乐而欢乐,为学生的苦恼而苦恼。喜欢学生喜欢的歌曲,参加学生参加的运动,对每一个学生都感兴趣,对未知世界保持探索精神,对新鲜事物充满无限好奇。在自己的教学生涯中,永远做一个在沙滩捡拾贝壳的孩子,让自己终身从教且永葆"童心",始终充满教育热情。

始终拥有一颗"爱心"

首先要爱学生,爱学生天真的模样,爱学生无邪的话语,爱学生无忧无虑的单纯;还要爱教师这个职业,爱它能够通过自己的努力去成就每一个学生。看到一届届学生实现了自己的梦想,进入高一级的学校深造,或在社会上有所作为,是教师深感自豪之事,为学生的终身发展与幸福人生奠基成为教师一生的信念。

始终坚守"初心"

在探索教书育人的路上,会遇到挫折,经历烦恼,有过怀疑,历经彷徨,但"为党育人、为国育才"的"初心"不能改,永远要像对待初恋一样对待自己所从事的教育事业。教师要用自己的激情点燃学生的梦想,用自己的智慧浇灌学生的心田,用自己的知识武装学生的大脑,让每一个学生因为教师的教育而改变人生命运,这个"初心"能让教师一站上讲台,就充满豪情、点燃心火、激起力量!

著名物理学家杨振宁有言:"热爱就是成功的秘诀。"热爱孕育激情,激情升华热爱。教育是崇高而伟大的事业,需要教师一生来挚爱、坚守、创造、奉献!只有拥有非凡的教育激情,才能创造教育的卓越未来。

搭建成长舞台,激活内在潜能

核心素养导向下的课堂教学,要求丰富教学方式,为学生成长创造和提供自主学习、自主活动、自主发展的条件和空间；要求减少教师课堂活动量，相应地增加学生自学和思考、读书和质疑、讨论和交流、练习和操作等方面的时间，让学生积极主动地参与教学的全过程，使课堂教学真正为学生自主发展服务。因此，教师要让课堂成为学生的"舞台"，让学生成为主角。

教师引导学生提出疑问

为促使学生自发提出疑问，教师应营造和谐轻松的学习氛围并加以引导，使学生能够卸下心防，自发地发现问题并提出疑问。对于勇于提问的学生，不论提问质量高低，教师应予以鼓励；对于提问错误的学生，教师也不应批评，而是启发其进行思考。这种活跃且主动的质疑过程能够激活学生的思维，激发学生的学习积极性。

合作促使独立思考

一次卓有成效的合作学习，离不开教师与学生、学生与学生之间在智慧、情感、意愿和行为等方面的高度契合，特别是以学生的自主学习和独立思考为前提与基础。教师应积极引导，充分发挥团队内成员的协同作用，明确分工，互相交流，最大限度地发挥小组合作学习的优势。

让学生成为课堂的主角

传统的课堂教学是教师"一言堂"，教师累，学生倦。新的课程改革，必须让学生的内在潜能发挥出来。例如，学生在自主学习后，教师让他们主动参与课堂教学，每个小组的每个成员都上台展示成果，下面的学生在认真倾听的过程中对他们的成果进行补充和完善，这种方式让学生由被动学习变成主动学习、主动探讨。鉴于小组评价的捆绑性质，学生的展示成果将直接影响团队荣誉，因此在协同合作的过程中，学生会相互支持、相互促进。在教师有效引导的辅助下，最终实现教学目标的优秀达成。

目前，不少学生学习状态不佳，对学习漠不关心，我认为这是学生感受不到学习对他的吸引力，上课与否对他们来说相差无几。在教学过程中，最忌讳的是教师的单向性产出，不顾学生的意愿，只是按照自己的教学安排一味传授知识，以完成教学目标为目的。学生是学习和发展的主体，其对学习的态度，即学习的内在驱动力决定学习质量，在学习的过程中，若是学生毫无兴趣，获取知识不积极，纵使教师在讲台上激情四溢、滔滔不绝，他们的学习质量也无法得到保障。教师要努力为学生搭建成长的舞台，让学生绽放成长的精彩！

创设教学情境，激发学习兴趣

教学中的问题情境是指教师为提出问题所呈现的特定的材料、情境。在这个问题情境中学生能察觉到自己目前的认知水平和将要达到的认知目标，以及自己已有的认知状态与将要达到的认知目标之间的差距。此外，融入情境的问题能激发学生学习的认知冲突，引导学生主动分析、综合、归纳、想象情境提供的信息以便解决认知冲突。

联系生活实际，创设问题情境

"生活即教育"，以学生所熟悉的生产现象和生活事实来阐述抽象枯燥的知识，既能增强学生对知识的熟悉感，在头脑中形成表象，从而激活相关的知识模块，激起学生主动求知的兴趣，让学生进入思考的最佳状态，又能培养学生细心观察、勤于思考的习惯，让学生从生活中发现问题，解决问题，让学生感到学有所用。更重要的是，将问题置于不同的生活情境中，会将原本抽象简单的问题范围拓展，学生学会从不同的情境中内化解决问题的规则和方法，促进知识之间的迁移和创造力的形成。

运用信息技术，创设问题情境

随着信息时代的飞速发展，以计算机为核心的现代教育技术被广泛地应用于教学，它可以交互式地综合处理文字、图形、图像、声音、动画、视频等多种媒体信息，使它们建立逻辑连接，集成一个信息丰富、形式多样的信息系统。所以信息技术能迅速成为应用最广泛的教学演示工具，可以有效地帮助学生建构知识和发展思维。

新旧知识结合，创设问题情境

新旧知识结合是创设问题情境的基本方法。教师以学生已有的知识为基础，设置一系列层次鲜明、具有系统性的问题，可引导学生实现已有的知识向新知识的转化与过渡，培养迁移知识的思维方法。这种问题情境的设置符合学生的认知规律，能有效地引导学生在包含已有知识的问题情境中去思考和探究，通过不断地比较和分类，发现已有的知识和新知识的区别与联系。

引发认知冲突，创设问题情境

人具有促使各种认知协调的倾向，一旦这些认知因素处于不协调的状态，就会产生矛盾和冲突，人就会感到紧张、不安和烦闷，从而产生减少或消除这种不协调的内在动力。为了获得内心的平衡，人必须做出知识、信念、态度或行为的改变。所以，教师要注意引发学生的认知冲突，促使学生主动解决情境中的矛盾，做出认知和行为上的改变，以便强化学习行为。

设置疑问和问题，创设问题情境

"疑"是激发思维的起点，是激发思维的动力。如果问题的情境是由一系列的疑惑和问题组成的，学生能够带着问题去思考，就更能达到激发思维的目的。这一系列问题的设置要合理，要由浅入深、由易到难、层层递进，才能把学生的思维逐步引向新的高度。要善于把复杂有难度的知识点分解成一个一个相互联系而又彼此独立的问题，使学生的思维始终保持在一个活跃的状态，并由这些问题引领学生逐步掌握知识，厘清问题的解决思路，学会学习。

应用比较分类法，创设问题情境

对事物进行辨别和分类是学习的基础，而辨别是分类的前提，也是学习更高水平知识的基础。要学会辨别知识，首先要将知识进行对比，区分知识之间的异同，并根据知识的共同点和差异点进行分类汇总。概念的辨别与分类在中小学教育中占有重要的地位。中小学课堂中涉及的知识类型中有许多是概念，或者与概念学习相关的其他知识类型。在教学过程中，设置一些似是而非、模棱两可的问题或需要进行比较的问题，让学生从捉摸不透、无所适从中进入思维的亢奋状态，通过分析比较，弄清楚概念之间的联系、共性和本质区别。

教师要善于创设情境，带领学生置身于教学内容相应的情境之中，使学生耳濡目染，受到熏陶。学生尚处于学科学习的发展期，教师对学生的教导要做到"入情"，无论是在备课还是在授课过程中都需要入情，以情传情，以情激情，教师有情感，更能激起学生对学习的热爱，从而深刻领会学习的乐趣。良好的问题情境既可以锻炼学生收集分析信息的能力，也可以激活学生原有认知中的相应知识模块，使学生做好思考的准备，有利于指引学生思考的方向，激发学生思考。创设问题情境使学生更好地理解问题、解决问题，是每一个教师应该具备的教学技能。

巧用媒体技术，激发学习兴趣

"互联网+"时代来袭，各种新奇概念层出不穷："慕课""微课""翻转课堂"……这些新事物，就实实在在发生在你我身边。越来越多的学校开设了自己的云端课程；越来越多的学校开始使用远程资源，打破教室概念；越来越多的学校开始推行数据化教学，为关注学生个体特点插上了科学的翅膀……多媒体教学已成为教学活动中必不可少的一个环节和要素，在课堂教学活动中，教师利用多媒体技术，使教学形式和教学方式变得灵活多样，彻底改变了过去单调死板的课堂教学方式。让多媒体技术与课堂教学环节有机结合，生动有趣的教学形式可激发学生的学习兴趣，从而提高教育教学的效果。

在学校创造的"云空间"里，学生的一切学习活动都将被忠实记录下来，放进"云"里，这是一种最真实的记录。这种无意识记录将为我们留下孩子成长的足迹，这些记录将成为研究孩子成长轨迹的重要数据。这些数据在目前可能无法体现出它的价值，但是经过天长日久的积累，它的价值会慢慢地彰显出来。

"云随行"，学习体验随时记录

"云厨房"记录学生的学习过程，学生根据需要调整学习进程，每一步的学习情况、学习成果都能随时记录，老师能够给出及时评价；"云展馆"展示学生课程成果，利用"虚拟成像""增强现实"等技术对优秀学生书画及手工作品进行展出；"vava实验室"将自然科学学习内容立体化、全方位呈现给学生，激发学生探究兴趣；"彩云阅读"能在学生借阅图书后，即时统计借阅数据，还能收到最新的图书推荐。

"云课桌""云手表"，打造学校创客空间

把平板电脑的小屏变成了课桌大小的大屏，既可以全屏也可以分屏。上课时，学生经常围绕在"云课桌"边讨论得热火朝天。体育课上如何通过信息化手段来监测学生的身体情况，切实提高课堂效率呢？"云手表"成了又一创新产品，它可以监测到心率和血氧饱和度的动态变化，而且非常精准地将两项指标传输到后台。这一教学载体有效帮助老师制定个性化的运动方案，满足学生运动需求。互联网时代，学校也需要点创客思维，或许有时候只是1个小点子，就能取得大效果。

巧妙引入媒体，激发学习兴趣

学校不是知识的仓库，而是启蒙的灯塔。学习的最好刺激，乃是对所学材料的兴趣。因此，在教学中，教师应大胆解放思想，巧用媒体导入，通过多媒体集声、形于一体的优势，有效地调动学生学习的积极性。如何合理选择优秀的媒体资源，并把它引入到我们的课堂教学中，这里面有许多学问。

比如，特级教师许卫兵在施教苏教版三年级下册"认识分数"时，在学生通过折一折、画一画、剪一剪、说一说等方式理解分数的意义后，用精美的图片，配以优美清晰的画外音，让学生了解分数的历史，最早是在3000多年前，进化到现在的样子也有800多年历史了；同时让学生认识了世界文明

古国，如古埃及、中国、古印度及古巴比伦，正因为古人的智慧，才有了今天的分数。这样的介绍言简意赅，却大大拓宽了学生的视野，是对课堂学习的重要补充，值得大家借鉴。

巧用动态演示，突破重点难点

多媒体辅助教学的一个重要功能就是能把复杂信息连续分解为简单的信息，从而更利于学生对知识的识别与理解。如，在"圆的画法"的教学中，一位教师是这样设计的：先让学生观察一条线段绕一个端点（定点）顺时针旋转，直至另一端点扫出一个圆，让学生初步感知圆的形成过程。接下来，将画圆的步骤分解展示给学生，使学生获得画圆的完整信息。具体步骤：①清除屏幕，并且在屏幕的中央显现一个红色亮点；②在屏上显现一条以圆心为一个端点，另一端在圆上的线段（虚线），闪烁数秒后，在其旁打出"圆心"；③半径绕着圆心旋转，直到画出一个圆。

在整个过程中适时配以声音进行解说。通过这样的教学，学生牢牢地记住了画圆的每一个步骤和要点，很快就学会了画圆。

多媒体辅助教学，将那些看似静止的、孤立的事物活动起来，串联起来，使学生更容易地找出事物之间的联系，有力地促进学生对新知识的理解。只有这样实施多媒体辅助教学，我们才算真正理解了其本意，即把学生的主动权还给学生，使学生的学习落实到建构的意义上，使学生的学习潜力得以发挥。

巧用媒体技术，提高反馈实效

"一种有效的行为必须通过某种反馈过程来取得信息，从而了解目的是否已经达到。"课堂教学反馈是教师了解学生学习情况，调整教学进程，提高教学效率的重要途径。在传统教学模式中，由于一位教师同时面对众多学生，反馈不全面、不彻底的现象客观存在，有时也无法避免。而多媒体技术强大、直观、动态、实时的优势，可以大大增加课堂反馈的广度和深度，真正实现学生学习"今日事，今日毕""疑难问题当堂灭"的理想效果。

比如，苏教版二年级"角的初步认识"一课的教学重点是初步认识角，了解角的基本概念，难点是建立角的空间观念。在教学中，一位老师设计了4个练习。

一是"找角"。判断给出的图形中哪些是角、哪些不是角。学生会指出哪些不是角，但不一定清楚怎么把它变成角。为了让学生更深入理解，可利用多媒体的动画效果：当用鼠标点击不是角的图形时，它们能自动变形，变成角，让学生直观地看清演变过程，从而更加理解角是由一个顶点、两条直的边组成的图形，有利于学困生掌握角的基本特征。

二是"数角"。由简单图形到复杂图形，设计连一连，提供多个图形，以及它们角的个数，利用多媒体的拖拽功能让它们"配对"。

三是"比角"。两个角哪个大，学生判断后，利用多媒体技术将两个角重叠在一起，很容易看大小，同时也教给了学生比较的方法。

四是"拼角"。学生大多会拼，但看不准是哪几个角，利用多媒体技术，可以成功将图形分解成若干个角，有利于发挥学生的空间想象力。

在以上4种题型中，利用多媒体的直观性，很好地破解了反馈中的难点，节省了教师讲解的时间，符合低年级学生的思维习惯，从而降低了理解上的难度，提高了数学概念课反馈的实效性。

强化学习核心，提升学习兴趣

素养是教不出来的，靠老师讲学生听及耳提面命获得的只能是知识，最多形成一些技能。如果我们把课程目标锁定在核心素养上，就必须从根本上改变教学方式，从教学走向学习，让学习成为课堂的核心。一旦把学习变成学生自己的事，他们之间的沟通、合作、争论、妥协、创新就接踵而来，跨学科综合学习也层出不穷，从做题到做事，从解题到解决问题，当这些成为每一天课堂学习的常态，核心素养的落地也就水到渠成。

把传统的教学目标转化为师生共同的学习目标

过去的教学目标往往写在备课本上，甚至只在老师心里，个别老师把它写在黑板上，但学生也并不了然。只有转换为学生明白的道理、方便理解的方式、可操作可评估的标准，进而成为学生自我确认的、有意愿去挑战的目标，才可能让学生这个学习的主体真正自主学习，因为他清楚自己要到哪里去，走的每一步是否是对的，以及需要做哪些调整。

把所有有利于这个教学内容的学习资源交给学生

过去，我们总是把一些学生不易获取的杀手锏揣到自己的口袋里，不到关键时刻不出手，一旦出手，立马得到学生的赞佩，让他们知道老师的厉害，让他们得出一个结论"离开老师不行"，摒弃这样的路径依赖并非易事。教师要善于把所有有利于课堂教学内容的学习资源交给学生，还要积极引导学生提升挖掘资源、拓展资源、整合资源、善用资源的能力。

给学生提供学习工具，帮助学生进入深度学习

在特定的学习单元里，我们既不可一味让学生大海捞针，也不宜让学生一步登天，教师的教学新智慧就要体现在如何给学生提供资源线索，如何合理划定学习范围，如何为不同学习方式、节奏和进度的学生搭建不同的攀登阶梯。

把教学变成学习给教师带来最大的挑战是每一个学生的学习变得不同了，从学习内容、学习路径到学习进度，百花齐放到"不可收拾"。这也恰恰是教师的最大财富。因为，在这样的各不相同的学习过程中，每一个学生都充分展示个性，我们在学生的学习过程中，很自然地了解学生，因材施教，学生的个性成长异常迅猛。

聚焦智力活动，发展思维能力

聚焦智力活动，以此来激发学生更浓厚的兴趣。"思"不仅指思考，还着重开发学生的思维性，提倡探究式教学，做探索性研究，借此调动学生的积极性、主动性。教学不能持续依靠传统式教学方法，以教师、课堂、书本为中心，忽视学生交流、合作、主动参与和能力的培养。而要充分发挥探究式教学的作用，通过智力活动，为学生提供充分自由表达、质疑、探究及讨论问题的机会，使其将所学知识应用于解决实际问题。"欲生于汝意，意以思想生"，带着创新性思维的思考，教师要在教学中不断拓展学生的思维深度，鼓励学生积极探索学科的奥妙，大胆提出创新性问题。那么如何推进学生做探索式研究呢？

开放课堂，发掘学生自主探究潜能

在开放性的问题情境中进行实验探究。教师要先帮助学生拟定合理的研究计划，选择恰当的方法。同时，要求教师提供一定的实验条件或必要的资料，由学生自己动手去实验或者查阅，来寻求问题的答案，提出某些假设。这时，教师扮演一个组织者的角色，指导、规范学生的探索过程。这个过程可以由单个学生完成，也可以分组完成。要注意培养学生寻求合作的团队精神。经过探究过程，学生要把自己的实验过程或者查阅的资料进行总结梳理，得出自己的结论和解释。不同的学生或者团队可以就同一问题提出不同的解释或看法，要能够将自己的结论清楚地表达出来，让大家共同探讨。

适当点拨，引导学生探究的方向

在学生为探究的方向困惑时，教师要适时提供一些建议，引导学生探究的方向。在学生思考研究的过程中，教师切勿违背学生的主体性原则，要尊重学生的主体地位，发挥学生的主观能动性，注重学生的自我发展和互相启发。因此要求教师努力寻找教育对象与教育内容之间最佳的结合点，研究学生的思维方式和他们解决问题的思维习惯，善于将各种间接经验转化为学生生活情景中的直接经验，并引导学生将直接经验与所学的知识结合，力求在此基础上进行创新。

第二辑　课堂的动力系统

深度思考，培育学生创新性思维

信息爆炸的时代，快速发展的科技和社会，加速了人们工作和生活的节奏，也让我们很多人的思考速度逐渐变快，深度逐渐变浅。实际上，越来越多的人正在失去深度思考的能力，许多人总是沉迷于一些浅薄的段子、无脑的游戏、没有营养的短视频，却不愿意去看一些有深度的文章，做一些有深度的思考，培育与提升创造性思维。深度思考的基础在于我们需要主动去思考，而不是被动地接受。不是别人说什么我们就信什么，特别是在今天这个网络发达的时代，很多信息其实都是没有依据的。因此，培养深度思考能力的一个关键点在于：独立思考，学会质疑，而不是全盘接受。对一些事情要学会逆向思考，利用批判性思维，收集证据，多方验证，探寻真相。课堂要提出值得深度思考的学科问题，激发深度思考的欲望，引导孩子们独立思考，进行合作探究式思考，交流撞出火花，提升思维的创新性能力。

兴趣是学习的基石，热忱也不只是外在的表现，它发自内心，教师要培植学生对学习的热爱，对他们的学习愿望、动机、态度加以重视，发挥兴趣的导向作用，使其成为知识的"乐之者"。

注重多元激励，助力学生成长

多元评价是基于多元需求，满足学生个性化差异，坚持评价标准多元化、评价方式多元化、评价主体多元化，为建设和而不同的班级注入持续性的力量，为学生的个性化发展创造更多的可能。在日常的教育教学中，一句鼓励的话语、一个温暖的微笑、一次轻轻的抚摸等都是拉近师生关系的重要方式，都能让学生收获成长的动力。

关注全体

评价必须关注全体学生的发展，尤其是学生的全面发展。全面了解学生的学习过程，帮助每一个学生发现自己的长处和不足，促进其多层次、全方位发展。评价要激发和调动学生学习的主动性，通过评价让学生了解自己的同时给予机会，促使其进一步努力，激发学生主动发挥自己的潜能。

形式多样

定性评价和定量评价相结合，过程性评价和终结性评价相结合，笔试、口试与实践操作相结合，学生自评、互评与教师、家长评价相结合。通过多形式、多主体、多方位的评价，促进学生综合素质的提高。每一个学生在各个方面都存在差异性，评价必须关注每一个学生的个体差异，有针对性地进行评价，使评价适应不同学生的特点，从而促使每一个学生健康发展。

特长生的发展

多一把尺子，就能多一批好学生。然而，只有多一些可选择的课程，才能培育出更多的好学生。选修课程的提出，从根本上尊重了学生个性化发展的需求。在一所学校里，如何给每一门选修课程定位，如何为有着各种可能性的孩子最大限度地提供不一样的课程体验，把课程作为每一个不同生命成长的养料，仍然有很长的路要走。所以要培育孩子的课外兴趣，发展孩子在艺术、体育、科技、劳技方面的特长，开展丰富多彩的展示、比赛活动等，发挥每一个孩子的优势，激发孩子成长的潜能，使孩子可持续、健康、快乐地成长！

点燃心火

皮格马利翁效应告诉我们，赞美、信任和期待具有一种能量，它能改变人的行为。教育不是注满一桶水，而是点燃一把火，每一个孩子都有无穷的潜能，需要被激发、被点燃，对孩子最大的激励就是获得成功的体验，发现"我能行"。学生具有好奇、好胜的特点，新异的刺激物能引起他们的定向探究活动。教学是一个动态的过程，是教师传授与学生反馈的双向互动过程，因此教学不能千篇一律、千课一面，要实时保持新鲜感，追求新奇的传递，点亮学生的心火。

课堂是孩子成长的主阵地，究竟应给孩子打造什么样的课堂，才能给孩子留下难忘的童年故事？课堂究竟如何为孩子的成长搭建好舞台，激活孩子

第二辑　课堂的动力系统

内在的潜能？新时代的教师，您一定要思考您的课堂究竟带给孩子们一个怎样的童年。

　　课堂虽小，钻研进去，便会发现，这里面有着广阔的天地，有无穷无尽的学问，当然也就有无穷无尽的研究乐趣。教师要努力探索激发学生兴趣的方法，打开激发学生兴趣的科研之门，前方一定有更广阔、更迷人、更深奥的天地在等待着我们，努力加快自身的脚步，这是每一位教育者的担当，更是新时代教师的使命！

 课堂上要赋予学生安全属性

安全感是对可能出现的身体或心理的危险或风险的预感,以及个体在应对处理时的有力感,主要表现为确定感和可控感。具体来说,安全感是一种心理感受,是个体对所处情境的心理体验,表现为人们要求获得保护、内心安定、不受威胁、消除恐惧和焦虑情绪等。现代课堂安全感主要涉及学生心理发展,常见的有:因紧张而不能集中注意力于当前的学习内容,害怕被轻视、嘲笑或怀疑而产生影响学习的焦虑情绪,逃避与教师目光接触,期待又害怕被提问,发言说话时语音变调、表达混乱,不敢承担应有的学习活动和责任,还包括害怕竞争者超越而产生的一些自私情绪和行为等。著名心理学家罗杰斯认为:"成功的教学依赖于一种真诚的理解和信任的师生关系,依赖于一种和谐安全的课堂气氛。"因此,如何提高课堂安全感,赋予孩子安全属性,特别值得每一位一线教师去探索思考,在实践体验中改进提升。

何谓课堂安全属性

要在课堂上给学生提供一种稳定、放松、愉悦、积极、开放的心理环境。学生能无所顾忌地发表自己的见解,而不担心被讥讽、被指责、被批评;学生能积极主动地参与自我探究、小组合作、交流分享,而不感到紧张、自卑、孤独;学生感到师生、生生关系和谐,没有任何沟通交流的心理障碍;学生时常有被尊重、被重视的感觉,而没有被伤害、被冷落、被歧视的感觉;学生真切感受到学习的乐趣和生命的意义,而没有痛苦感、乏味感;学生敢于尝试、敢于冒险,而不怕失败、无所畏惧。在这样的情况下,课堂氛围融洽,积极向上,学生的精神生活丰盈,学习能力也更强,更稳定,更有耐力。

学生产生了积极情绪，才会愿意探索，才能培养出真正的创新意识和创造力。从这个角度讲，"安全"的课堂，比"技术""素养"的课堂更有意义。

学生在课堂安全感不足的原因

教师缺乏必要的教育学、心理学知识

合格的教师必须具备一定的基础学科知识、学科专业知识和教育专业知识，在师范教育阶段，各国各类课程在总体结构中的地位和比重不同，反映了各国对教师要求的侧重点也不同。据统计，在我国师范院校的课程设置中，教育专业知识（包括教育学、心理学、专业学科教学法、教育法学）占总课时的5%左右，而在美国、日本、英国的师范教育中此类课程比例分别占11%、13%、25%，在德国此类课程甚至占到总课时的33%。由此可见，在教师的职前培养阶段，我国对于教师的教育专业知识的重视程度较低。

中国人民大学的调查结果显示，近40%的教师心理健康状况不佳，近90%的教师存在一定的工作倦怠，近30%的教师存在严重工作倦怠，超过80%的教师反映压力较大。教师作为教育的主导力量，一言一行会对学生产生潜移默化的影响，教师如果不能利用相关知识经验帮助自身解决焦虑、抑郁等心理问题，一旦在常规的教学中表现出来，让学生接收到这些讯息，就有可能成为一个错误的形象示范。同时，由于教师的教育学、心理学知识水平和实践经验不足，在教学中就很难把目光投向学生的心理发展方面，犹豫不决、焦虑不安等被看成思虑学习的正常行为，无理取闹、骄横跋扈等被当成品德缺陷的错误行为，只是把这些行为做表面化的简单诠释，而不是把它们归因于安全感缺乏、学习动机不足等心理问题，不再挖掘心理问题出现的深层原因。再者，某些教师发现了学生的安全感缺乏、对现状的不安等，但是其并不具备专业知识去对学生进行正确的引导，有心无力。

家长过度关注

有的父母对孩子关注度和要求过高，比如放学回家之后每天会检查课堂笔记和询问课堂表现，要求孩子做到最好，有一点点没有做好的话也会受到责备或者打骂。因此学生会过度关注自己的课堂表现，不允许自己失败。小宇是一个特别活泼好动的男孩。他思维极度活跃，每次碰到老师问问题，立马能够听到他的回答，绝对不放过每一次作答机会，但是一旦碰上他举手而老师不叫他回答叫别人回答的时候，便会控制不住地说出不文明的用语，看老师的眼神也不对了，好像是在责备老师为什么没有叫他，为什么不给他这个展示自我的机会。好像老师没有叫他就是对他有意见。在一节英语课上，老师在叫他回答一次问题之后又叫了其他同学（他也举手了），他直接趴在桌子上，不听讲了，像是一个撒了气的气球。课后老师问他："回答问题的机会有限，有那么多同学举手了，为什么一次没有叫你回答问题就反应这么大？"他说："因为我想好好表现，做那个最棒的孩子，否则我妈妈知道了会不高兴的。"因此每节课他都会千方百计地吸引老师的注意力，有时是通过回答问题，有时是通过违反纪律。因为他知道，违反纪律时老师会关注他，只有被关注，他才有安全感。

习得性无助

习得性无助是美国心理学家马丁·塞利格曼1967年在研究动物时提出的理论，是指生物有机体在经历某种失败后，产生消极的情感、认知和行为。如进入初中班级的每一个孩子水平不一，不少后进生从小学就不断地被老师打击，被同学嘲笑，被家长否定，可以说是早就被贴上了失败者的标签。没有人相信他们可以做到，一次次测验越来越难，一次次考试成绩越来越差，最后连他们自己也不得不面对"自己好像做什么都不行"的结果。老师们对待后进生的态度常常是"恨铁不成钢"，一看到他们字迹潦草、应付了事的作业就来气，进入课堂第一个批评的也常常是后进生，骂几句难听的，在出气的同时也希望他们能够长点记性，殊不知他们听多了批评，内心早已不相信自己还能学好，内心极度缺乏安全感和信任感。

社交焦虑

青春期的孩子非常在意别人，特别是同伴们的看法和评价。课堂上回答老师的问题需要站起来，站起来的那一瞬间就好像是聚光灯一样，把老师和同学们的目光一下子聚焦到自己身上。课堂上经常看到有的学生起立之后低着头，书也不敢拿起来，可以说是"埋到桌子上"读答案，虽然这个问题的答案可能根本不在书上，他们只是以此来获得一定的虚假"安全感"。另外，还有的同学平时说话声音很洪亮，可是一起来回答问题，声音立马变成"蚊子嗡嗡声"一般，感觉不想让更多的人听见似的。其实这都反映了一定程度的社交焦虑，学生担心自己的答案不够完美，担心更多的同学听到、看到后嘲笑自己。宁愿低头、小声回答哪怕被老师责备，也不愿意承担被同学们听到不完美的答案，看到不完美的自己的后果。

没有安全感的课堂是低效的

好课堂不是骂出来的

《第56号教室的奇迹》里雷夫老师提到，不要把害怕当成教育的捷径，让"害怕"消失在教室里。一个人在没有足够安全感或对人、对环境没有产生足够信任时，便无法放心去探索新世界。特别是在教育中，我们要培养学生的独立与自信，要先给予他们足够的安全感，再适时引导，让他们可以表达、愿意表达，如此学生才能与成长不期而遇。许多时候，教师只看见学生害羞、内向，而忘记了营造一个安全的氛围，帮助他们开始新的旅程。站在树上的鸟从来不会害怕树枝断裂，因为它相信的不是树枝，而是自己的翅膀。安全感源自内心的强大，但儿童并不具备这种能力，需要成年人营造一个安全的氛围。充满责备和谩骂的课堂只会让学生更没有安全感，更不可能有高质量的教育。

教师不要扮演权威的角色

要了解学生的真实想法、理解程度和表达水准，教师要学会放下架子，专注、耐心、主动地听，即便是学生的表达有缺陷，也不要随意打断他们的话语。好的倾听者是平和理解，是不忽视，是不急于评价与建议，是向学生传达一种真诚、肯定和无条件的尊重与接纳，让学生感觉到安全。强调学生的展示，减少教师的自我发挥，要把"学生展示"作为课堂的重要环节。教师要理解和包容学生在学习场所的各种表现，充分尊重学生，转换自己的角色，保护学生的积极性，把学生当作成人来尊重。

没有安全感的课堂是紧张焦虑的

在这样的课堂中，学生不太敢表达自己的观点，总是愿意察言观色，揣摩教师的答案，等待教师的肯定。他们的讨论、思考、表达都在"不安全"的氛围中流于形式，最终狭窄化、趋同化。当表达被压制，思想被限制，课堂效果理所当然会被抑制。如果课堂中有学生因为成绩不理想或个性方面的一些原因，而处于一种尴尬、羞愧、自卑甚至压抑的学习状态，或有学生面对老师的提问面红耳赤、语无伦次、低头不语，在回答问题时如履薄冰、心惊胆战，这样的课堂绝对算不上安全课堂，一节课传授的知识再多、再快、再高效，也算不上有效率的课堂，更别说什么优秀课堂。

如何为课堂赋予安全属性

脑科学研究表明，在安全的环境下，人脑能够更有效地吸收信息，快速反应，学生学习的主动性与创造性更加强烈，思维更加活跃，理解与记忆更加准确，学生更加敢说、敢疑、敢问、敢写、敢演，这些无疑都是构成高质魅力课堂的基础和条件。孩子主动参与到课堂的活动中，而不是被"视而不见"；孩子在课堂中的思考被人接纳，而不是惨遭训斥的"大棒"痛击；同伴之间相互交往，而不会被嘲笑。学生良好的体验，将很大程度转化为学生

第二辑　课堂的动力系统

更加健康的身心，学生会更宽容，社会交往能力、情感体验及认知能力都将更强，这一切都指向人的生命质量的提升。

教师要具有安全意识，是构建课堂安全感的前提

很多老师走进教室就会收起微笑的表情，一脸严肃；也有些老师为维护自己的权威，不顾学生的尊严，不留情面地当众批评学生；更有甚者出现体罚和打骂现象……这些都是教师缺乏安全意识的表现，他们没有想到这些做法究竟会给孩子带来多大的伤害。教师时刻不要忘记自己也曾是个孩子。教师应时刻从孩子的角度去看事情，转换角度进行换位思考，然后用敏感而细腻的心去理解和体会孩子的心中所想，只有具备了这样的安全意识，才可能出现安全的课堂。

营造温馨良好的教室学习氛围，是构建课堂安全感的条件

学生学习生活90%的时间是在教室中度过的，教室环境的好坏会影响学生的心理，进而会使他们产生安全或不安全的心理反应。例如，当教室贴满标语口号、考试倒计时、分数公告栏时，无形之中会增加孩子学习的压力，让他们感到紧张甚至惶恐，处于这样的环境中安全感从何谈起呢？相反，教室的装饰一定要符合学生特点，无论物件摆放还是色彩搭配都要追求一种平和、安静、温馨的风格，只有这样学生才会放平心态，将教室当作"学习之家"而不是"学习的角斗场"，安全感才会在孩子心中产生。

建立和谐、尊重、信任的师生关系，是构建课堂安全感的关键

良好的师生关系是安全感的重要因素。教师在日常教学中是否尊重孩子，是否平等对待孩子，是否相信孩子将会直接决定师生关系的好坏。而师生关系的构建很大一部分是从课堂教学中建立起来的，所以在日常教学中我们应下大力气改进自己的课堂教学行为。例如，充分考虑到问题设置的层次性，不断打磨课堂提问的语言，注意评价的客观公平性，设计好生生合作的教学环节。只有在课堂教学中建立一种和谐、尊重、信任的师生关系，学生对于课堂才会有安全感。

对于地球上的每个人来说，从出生到死亡，恐惧和无助这些状态往往会抑制一些极富潜力的学习者。在安全环境下成长的人，心态更宽容，社会交往能力、情感体验能力及认知能力都更强。教学的首要任务是帮助学习者获得最佳的心理状态，赋予孩子在课堂中的安全属性，让孩子更加敢说、敢疑、敢问、敢写、敢演，让孩子们的主动性与创造性更加强烈，思维更加活跃，理解与记忆更加准确。教育路上我们需要不断学习，不仅要提升专业素养，还要帮助、抚慰每一个学生，让课堂成为充满生命气息的精神交流场所，为孩子留下难忘而美好的故事。

第三辑　课堂的操作系统

在课堂操作系统中，建立一个结构：为学生建立清晰明确的课堂目标，一切教学活动以目标为中心；抓住一个重点：实现有效自学；突破一个难点：注重高效合作，有效组织小组间的交流和评价活动；强化一个环节：做好学生的交流展示；营造一种氛围：教师巧妙设置情境；掌握一种手段：强化刻意训练；把握一个利器：发挥同伴效应；达成一种目的：实现学习的有效迁移。

 创设好以核心素养为导向的教学目标

自2017年颁布新修订的普通高中课程方案和课程标准以来，以核心素养为纲的课程改革拉开序幕，2022年新修订的义务教育课程方案和课程标准的颁布标志着基础教育课程改革全面步入核心素养时代。如何将核心素养目标转化为学生能够理解的课程，课程转化的前提是创设好以核心素养为导向的教学目标。

什么是核心素养

核心素养是指学生在接受教育的过程中，形成的具有稳定性、基础性和生长性的必备品格和关键能力，包括文化基础、自主发展、社会参与3个方面，具体表现为人文底蕴、科学精神、学会学习、健康生活、责任担当、实践创新6种素养。

什么是教学目标

教学目标是指教学活动实施的方向和预期达成的结果，是一切教学活动的出发点和最终归宿。它与教育目的、培养目标相联系，又不同于教育目的和培养目标。教学目标可以分为3个层次：一是课程目标，即某一课程在教学结束后所要达成的结果；二是课堂教学目标，即某一课程的一节课或一个教学单元所要达成的结果；三是教育成才目标，即某一课程或整个教学体系所要达成的结果。教学目标具有可操作性和可测量性，是教学评价和教学设计的依据。本文谈及的教学目标属于第二层次——课堂教学目标，即某一课

程的一节课或一个教学单元所要达成的结果。

核心素养与课堂教学目标关系密切

一方面，核心素养的培养是课堂教学目标的重要组成部分，课堂教学目标不仅包括知识的传授和技能的培养，还包括核心素养的培养，如思维能力的培养、情感态度的塑造、价值观的引导等；另一方面，核心素养的培养又是实现课堂教学目标的有效途径之一，通过培养学生的核心素养，可以提高学生的学习能力、思维能力和解决问题的能力，进而促进课堂教学目标的实现。课堂教学目标如同课堂的导游图，有了这个导游图，整个旅途才会轻松、愉悦，学生才会获得更好的成长。

核心素养与三维目标

三维目标，应该是一个目标的3个方面，而不是3个互相孤立的目标。对其理解，可以准确表述为：在过程中掌握方法，获取知识，形成能力，培养情感态度、价值观。新课程强调三维目标的有机统一，只有实现三维目标整合的教学才能促进学生的和谐发展。作为构成核心素养的关键能力和必备品格，实际上是三维目标的提炼和整合，把知识、技能和过程、方法提炼为能力；把情感态度、价值观提炼为品格。

当下课堂教学目标呈现的问题在哪里

走进课堂听课成为我工作的一种习惯，近10余年，我走进课堂听各学段、各学科的课千余节，在教学现场认真观察、做好记录、探究分析、写好评价。每节课后都会与教师亲切交流，进行思维碰撞，欣赏成功之处，指出改进之处，每一次听课、评课都成为教师的专业成长之旅。纵观近10余年的课堂教学，反思我们课堂的教学目标，从教师的课堂来看，还存在着以下3个问题：一是没有目标，课堂教学只是一些无序活动的简单连接和叠加；二是目标不清楚，师生不知道一节课后，做到什么样才是成功的；三是不能用目标来贯穿整个课堂，不对目标进行检测、小结，目标成了摆设。

课堂学习发生的标志是什么

学习者应该清楚学习意图和标准；学习者应该了解与目标相关的学习资源；学习者应该随时清楚自己处在哪个位置；学习者应该清楚下一步往哪走，遇到问题该怎么办。真正给学生制定明确的目标，提供活动实践的情境，让学生在情境中利用文本和知识储备学会发现问题，多方法解决问题，实现"做中学，学中做"的教学理想，让学习真正发生。

什么是好的教学目标

教学是有目的、有计划、有组织、有评价的以课堂为主阵地的师生交往活动。美国教育心理学家布鲁姆说："目标是预期的教学结果，有效的教学始于准确地知道希望达到的目标是什么。"诚然，好的教学目标既不能过高，也不能过低。俗话说得好，"适合的才是最好的"。在我看来，好的教学目标要注重"四适合"，彰显"四特点"。

教学目标要注重"适人、适量、适时、适情"

教学目标要适人。教学目标是教学的导向，是行为主体"要到哪里"的问题。从过去的"双基"到"三维"，再到当前的"核心素养"，教学目标越来越指向"完整的人"。但是，教学目标也应指向"人的完整"，即教学目标中行为主体的完整。显然，教学活动的行为主体包括"教"的主体和"学"的主体。所以，完整的教学目标，不能仅仅考虑"学"的目标，还要考虑

"教"的目标。换言之，教师不仅要设置适合学生"学"的目标，而且不能忘了或忽略了自己"教"的目标。教学在成就学生发展的同时，不能以停滞或牺牲教师的成长为代价，否则就会阻碍教学的再生成和新教学目标的达成。如果教师没有在教学过程中收获成长，那么教师就难以推动教育的发展和落实好课程的实施。好的教学目标要做到"教""学"双适。所谓"教""学"双适，指的是既适合教师又适合学生，即好的教学目标要适人。适人，指既适合当前的人，又适合未来的人。这就意味着，教学目标既要立足师生的"最近发展区"，又要指向他们的"未来发展区"。

教学目标要适量。教学目标可以有多个，但在有限的时间、空间、资源、能力和精力等条件下，控制好数量显得尤为必要。如果目标过多、过泛，那么无论是学生还是教师，都会感到有压力，甚至根本无法在原定的时间内完成。目标适量，体现的是一种以人为本的思想和关怀，是教学散发人性温度的生动表征，不仅可以让人学有所向，而且不为学所累。唯有这样，教学场域中的生命才能自由自在，才能自然自主地舒张出生命的芳华，才不会因为追求目标而错过路上的风景。教学目标怎样才能做到适量？无疑要因人而异，甚至要因时而异，因为不同时刻或不同的人，对量的需求不同。例如，每当碰到学生刚上完体育课，可以适当地调整教学目标，减少目标的量，让他们可以歇一歇，而不是一味带着他们学习。这样做的目的，是想让他们可以有时间平静心情并擦拭额头上的汗，甚至可以轻轻松松地喝口水或扇扇凉。

教学目标要适时。何谓适时？其意蕴有三：一是适应时代；二是适合时段；三是契合时机。这表明，适时的教学目标不但要紧贴时代的脉搏，而且要吻合具体的学段和课时，还要抓住各种教育契机。要想使教学目标更精准，教师应根据学校的课程和课时的安排，对本学期或本学年的模块教学和单元教学目标进行统筹规划，除使每节课的教学目标在行为主体和量上适合外，也契合对应课时的节点。这是值得研究并有待探索的课题。

教学目标要"适情"。人，不仅生活在不同的环境中，还具有不同的心境。而教学在本质上是在特定的生活环境中，基于具体的教学情境，促进具有不同心境的人学习和发展的主体建构过程，属于一种动态生成的生命活动。建构主义理论认为，学习者的知识不是通过教师传授得到的，而是学习者在一定的情境下，借助别人的帮助，利用必要的学习材料，通过意义建构的方式获得的。在心理学上，学习者对学习内容的认知、领会和应用，都与其发生的情境有着密切的关联，同时与学习者的学习情绪（即当时的心情和心境）有着莫大的关系。所以好的教学目标既要适合具体的教学情境，又要适合师生的心境及其所生活的环境。

教学目标要彰显"整合性、具体化、可操作性、可评价性"

一是整合性。关注知识与技能、过程与方法、情感、态度和价值观的融合，重视核心素养与教学目标的整合，促进学生综合素质的提高。

二是具体化。基于核心知识阐述素养的具体表现，体现教学目标的进阶性，确保教学目标能够具体落实到实际教学中，有利于学生掌握知识和技能，提高综合素质。

三是可操作性。有相应的活动载体，确保教学目标能够具体落实到实际教学中，有利于学生更好地掌握知识和技能，提高综合素质。

四是可评价性。强调学生活动表现，使其可观测、可评估，有助于教师及时调整教学策略，优化教学过程，提升教学质量。

教学目标如何表述

教学目标要从"行为主体、行为表现、行为条件、行为程度"4个方面去表述，即学生知道做什么（学什么）、怎么做（方式途径）、达到什么标准（评价）。行为主体是教师；行为表现是学生做什么；行为条件是引导学生怎么做；行为程度是学生所达到的标准。

教学目标的核心是学习目标。课堂教学就是实现学习目标的过程,学习目标是否达成是衡量课堂质量的试金石。

运用布鲁姆教学目标(认知领域)分类法设计学习活动(表1)

布鲁姆认为,教学目标表述的是学生在学习之后所能展现的行为表现,这既是教学的终点,也是下一个循环的起点。一般而言,教学设计者多在知识、理解、运用、分析方面着力,将对学生学习结果的最终评估权握在自己手中,因为缺乏权力分享,学习者缺乏机会展现自我评估,进而自我调适的能力。另外,设计者容易将综合型问题归入课外拓展,缺乏对此的关注和有力支持,这种放任态度导致学习者因为缺乏持续的兴趣而缺乏行动力。

表1 布鲁姆教学目标(认知领域)分类法应用举例

目标	意义	示例
知识(识记)	知识层次的问题可以促进学生对信息的回忆	谁、什么、何时、何地、命名、列表、定义、辨别
理解(领会)	理解层次的问题考查的远不止是记忆,还要判断学生是否理解了教学内容	用自己的话讲解、复述、描述和解释
应用(运用)	应用型问题能够促进学生用所学的知识来解决问题	解释如何(做)、为什么,展示、操作、阐述
分析(分解)	分析型问题可以促使学生认真审视那些用来明确表达观点的信息的组织结构	比较、对照、如何、为什么、作图、辨别、区分
综合(创造)	综合型问题使学生有机会利用所学的知识构想出新的东西	设计、构建、创造、提议、制定、分类、设计
评价(评估)	要求学生用一套既定的准则,评价两种概念或想法	评估、估价、评价、选择、预测、评级、估计

学习目标描述的行为要具体、可操作（表2）

表2 学习目标描述用词举例

层次	可选用词
了解	辨别、识别、辨认、回忆、说出、描述、复述、背诵、写出、列出
理解	解释、说明、比较、判断、分类、归纳、概括、预测、估计、转化
把握	筛选、概括、分类、整合、归纳
掌握	实施、执行、设计、证明、撰写、联系、制定
评价	评价、核查、评判

举例：不同学科描述的学习目标

生物：能利用生命的物质观，为目标人群（"三高"人群、减肥人群、青少年等）提出饮食建议和营养食谱。

化学：能运用所学知识说明如何使用不同种类的加酶洗衣粉并根据不同的外在条件（如温度）清洗衣物等。

地理：能在"海底地形图"上，运用海底扩张学说与板块构造学说的主要观点，解释涉及的地理现象，并在解释的过程中能够指出两个学说在应用上的差别。

语文：能从《史记》的每一位史传人物的重要事件中，提取关键信息并加以分析，概括人物性格特点。

学习目标设计四步法

第一步：明确这节课的基本学习内容。基本学习内容：知识的维度、知识内容、知识链接、让学生掌握到什么程度、需要的情境或前提条件是什么；这节课要学习的知识内容是什么？这节课如何与学生之前学过的内容相连接？这节课将如何加深学生对内容的理解？学生对一个概念的理解是在原有基础上创设更为复杂的应用条件还是接受一个全新的概念？这节课聚焦的技能目标是什么？学生学习一种新技能（列提纲、总结、绘图、制表、使用工具书，列出程序清单、解决某一具体问题）的时候，是让其边学习边实践还是等到能够熟练掌握之后运用到一个新的情境中？

第二步：确定这节课的基本教学程序。哪一种思维过程（记忆、理解、应用、分析、评价、创造）可以帮助学生明确自己已经知道或会做的事情？哪一种思维过程可以帮助学生深入理解并促进其技能发展，让他们对已经知道的知识进行分析、推断、拓展和应用？

第三步：设计基于理解的学习行为以转化学习目标。教师的任务是设计与教学目标中重要部分相匹配的量规（表3），让学习可测量。

表3 学习目标测量法举例

指标	优秀	达标	待达标
朗诵	读音正确，节奏分明，情感匹配	读音正确，节奏分明，舒缓得当	读音有误，节奏不畅
背诵	每段背完时长不超过4分钟	每段背完时长为5～7分钟	每段背完时长超过7分钟

基于理解的学习设计让学生在学习目标的引领下置身于各种情境中并始终保持专注，因为他们非常清楚自己在哪里，在做什么，做这件事的目的及所要达到的程度等。

第四步：陈述学习目标。学习目标陈述要点——基于学习目标理解的学习设计。有效的学习目标必须面向学生，使用让学生能懂的语言描述，向他们表达这节课的基本结构内容，描述的学习行为要具体、可操作，并合理地解释这样做的原因。一个有效的学习目标会让学生自觉转到学习轨道上来。

示例：在15分钟内，借助注释独立完成全文的翻译（《桃花源记》）；了解演讲词的思想内容，把握演讲者的观点（《最后一次讲演》）；能够流利地朗读课文和准确掌握课下注释（《庄子》二则）。

一切教学活动以目标为中心，围绕目标展开。可遵循"分板块—提炼问题—自学交流—重点点拨"或"情境导入—展示目标—解读目标—组织教

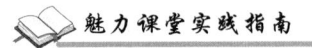

学—测试目标—课堂小结"等流程,高质量达成学习目标。

撰写教学目标的案例

某位化学老师在教初中化学"空气的组成"这一课时展现的教学目标。

初中化学"空气的组成"教学目标

知识与技能:①了解空气的组成。②能从生活经验出发,对空气的成分进行合理的推测,并能利用简单的仪器和药品,对空气的成分进行探究。

过程与方法:①认识科学探究的意义和基本方法,在进行"空气中氧气含量测定"的探究过程中,能提出问题,并设计实验以解决问题。②初步学会通过观察、实验的方法获取信息,并从信息中得出科学的结论。③在探究过程中,能主动与人交流、讨论,清晰地表达自己的观点,逐步形成良好的学习习惯和科学的学习方法。

情感、态度与价值观:①保持对生活和自然中化学现象的好奇心和强烈的探索欲,进一步发展对化学学习的兴趣。②初步树立科学的物质观,科学看待科学家的实验过程及结论。③逐步树立珍惜资源、爱护环境、合理使用化学物质的观念。

教学目标、分析

这个案例的教学目标设计存在的主要问题如下。

一是"三维目标"不是3个目标,而是"一体三面"。此案例的目标需要三维融合。

教学目标的撰写经历了3个发展阶段:①"双基"——教学目标的1.0版本。②"三维目标"——教学目标的2.0版本。③以核心素养为导向——教学目标的3.0版本。

其实大多数课堂教学只有一种或一类教学目标,即认知学习目标(按照布鲁姆教学目标分类:认知学习、动作技能和情感三大领域)。这是因为学习、理解、掌握知识需要方法，能力的形成也不是一蹴而就的，需要一个过程；任何人学习任何东西只有感兴趣、情感投入、态度端正才可能学得快、学得好和学得牢；教材是国家意志的体现，教材内容自然就会体现社会和时代进步的主流价值观。因此，所谓的三维目标不过是一个教学目标的3个方面（"一体三面"），而不是3个目标。

二是教学目标设定的方法、态度、落实路径等需要具体化。①"了解空气的组成"可能需要更具体的表述，以明确学生需要了解的内容。例如，是否需要知道空气中主要气体的种类、比例及其各自的性质？②"能从生活经验出发，对空气的成分进行合理的推测"也需要更具体的表述。推测的依据是什么？是基于生活中的观察，还是基于已有的科学知识？③"认识科学探究的意义和基本方法"需要具体阐述。什么是科学探究的基本方法？学生需要了解或掌握哪些科学探究的方法？④"能提出问题"这可能需要更具体的指导，因为提出好的、有价值的科学问题并不总是容易的。那么，学生应该如何提出好的科学问题？⑤"初步树立科学的物质观"需要更具体的定义或示例，以帮助学生理解什么是科学的物质观。⑥"科学看待科学家的实验过程及结论"也需要更具体的指导。如何科学地看待科学家的实验过程和结论？是否需要考虑实验的背景、目的、方法和结果？⑦"逐步树立珍惜资源、爱护环境、合理使用化学物质的观念"可能需要与实际生活相联系，例如，如何在实际生活中应用这些观念？如何平衡对资源的利用和对环境的影响？

关于"教学目标"的讨论并非只言片语就能洞悉和明了，需要在教学实践中不断探索和研究。用心去实践，用心去探究，用心去创造，用心去发现，用心去挑战，用一生的赤忱与奉献去诠释新时代教育者"为党育人、为国育才"的时代担当。

 课堂要实现有效自学

课堂上,如果都是老师整理好答案告诉学生,学生很快便会忘记,但如果学生能通过自己的思考、阅读找到答案,那么学生不仅不容易忘记自己辛苦找到的答案,更能掌握解决问题的方法。俗话说的"易得者亦易失"便是这个道理。在学生依靠自己的能力获取知识、解决问题的过程中,孩子的心智和意志需要进行复杂的活动,而这样的过程会使得孩子对自己所获取的知识印象更为深刻。自我学习的过程也是梳理零散知识、用所学知识解决问题的过程,更是把知识转化为能力的过程,有利于培养学生独立思考、解决问题的能力。更重要的是,自我学习的过程中充满了挑战和阻碍,坚持培养孩子的自学能力,有助于孩子磨炼意志、培养坚毅的品质。自学还有助于孩子从学习中获得快乐,这样的快乐不仅来源于成功的喜悦和周围人的赞赏、鼓励,更来源于自我学习的过程体验。课堂上要高度重视学生自学能力的培养,引导学生在课堂上实现有效自学是教师的重大责任!

从观课中看课堂的问题

在课堂上,教师要坚持"先学后教、不学不教、在学中发现问题然后有针对性地教"的原则。教师要主动走向学生,而非学生走向教师。

你经历过这样的"自学环节"吗?某政治教师讲授公开课,为了体现"新理念",课至中途,教师严肃地说:"学习是自己的事,不仅要学会,更要会学,因此自学能力非常重要,这节课我就给同学们提供一次自学的机会,请大家一定要抓住,下面就请大家自学课本内容,好,开始。"学生纷纷打开课本,低头看书。几秒钟后,教师又说:"自学的关键是认真思考,光读课本

是不行的，还要开动脑筋，这样收获才会更大，态度很重要，希望大家要认真一些。"学生继续看书，教师又说："咱们学的这个内容是中考的重点，丝毫马虎不得，大家自学过程中也可以和同桌讨论一下，这样会让大家掌握得更扎实、更牢固。"5分钟之后，教师大声叫"停"，重新回到原有的授课思路上，开始了滔滔不绝地"灌输"，至于刚才的"自学"，到整节课结束也再未提及……

教师要警惕"虚假自学"。从大量的课堂观察中发现，课堂自学常常存在如下问题：一是无明确的自学内容，或者自学内容过多、过繁，学生无所适从；二是自学时间不合理；三是无法保证安静的自学环境；四是缺乏明确的自学要求。

课堂自学要强化"四定"：定时间、定内容、定方法、定要求。只有落实"四定"才能达成课堂有效学习的目的。

如语文在教《背影》这一课中，教师如此引导：请速读课文，划出自己认为重要的句子和喜欢的句子（定内容与方法），5分钟后（定时间），请同学们回答：文章写了一件什么事，包含怎样的思想感情（定要求）？提前完成的同学思考：这是一个怎样的背影？为什么让作者感动得流泪（层级要求）？

如数学在教"平行四边形"这一课时，教师如此引导：请阅读教材130页的内容（定内容），用时4分钟（定时间），用铅笔划出不明白的问题（定方法），并思考下列问题：什么叫平行四边形？如何表示？平行四边形具有四边形的什么性质？自学结束后，各组有3分钟交流讨论时间，然后我们随机抽取号签来找同学代表小组回答（定要求）。

问题："沉静"时间占比仅为5.17%

在一次大型区域性小学数学课堂教学观摩活动中，上海市某数学特级教师对课堂中的交互行为语言性质分布情况进行了调研。研究显示，15节观摩课堂中，教师的语言时间在课堂总时长中平均占比为65.07%，学生的语言时间平均占比为29.22%，非语言时间平均占比为5.71%。其中，非语言占比最高的一节展示课堂上，教师语言占比约47.85%，学生语言占比约42.93%，非语言占比约9.23%；非语言占比最低的一节观摩课堂上，教师语言占比高达88.08%，学生语言占比为9.93%，非语言占比仅为1.99%。也就是说，这些已经作为优秀教学样板被观摩学习的课堂中，"沉静"时间整体都比较少。一堂课里，60%以上的时间是老师在说，30%左右的时间是学生在说，"沉静"时间只有6%。其中，说得最多的老师，说话时间占比接近总课程时长的90%，留给学生的思考时间不足2%。

非语言占比较少甚至极少，这说明课堂练习明显不足、当堂巩固普遍缺失。我们的数学课堂教学，不仅需要教师严谨精练的教学语言表达，也要有师生之间的良性互动，除此之外，更需要给予学生静静思考的空间和培养学生独立反思的素养，即需要努力提升学生的自学能力，为孩子终身发展奠定基础。因此，课堂不是老师"T台秀"的舞台，课堂要营造沉静的学习氛围，要多安排一些"沉静"时间。

努力把课堂的时空还给学生

要打造属于学生的课堂，首先要确立"40分钟都是学生的"这一观念；其次要合理分配课堂时间，有所加、有所减；另外，教师还要在课前准备阶段多做研究、在上课互动环节多做尝试，打破教师话语"霸权"，真正把课堂的时空还给学生。

教师话语"霸权"的根源是低估了学生的潜能

在课堂教学的时间分配问题上，其实早已形成几点共识。课堂是属于学生的；把时空还给学生；打破教师话语霸权。但在实际课堂教学中，却往往会出现偏差。顾虑学生耽误时间，担心学生自己解决不了问题，甚至过于迷信教师自身的讲解等，这都造成本该属于学生的时间被教师挤占。出现这种

第三辑 课堂的操作系统

问题有一个根源，就是对学生的潜能估计不足。事实上，只要学生真正在读、在思、在做、在活动，又怎么会耽误教学时间呢？其实是教师的"说"耽误了学生很多时间，才会影响学生的优质成长。

必须减少教师支配的时间

确立"40分钟都是学生的"这一观念之后，重要的就是要明确课堂教学时间的加减规律。一般来说，课堂教学时间的支配有3种基本方式：教师支配、学生支配、师生共同支配。因此，把时间真正还给孩子的出路在于减少、控制教师支配时间。以数学教学为例，这是一个动静交替的复杂、多向的过程。教学中有意义的沉静能给师生的教与学带来"增值"效应：学生需要经常静下心来进行理性的思考、分析，老师也需要这样的"缓冲"来反思自己教学中的得与失，对教学及时进行调整、改进、提升。

让学生在"沉静"中自学。课堂中适当的"自学"（自学课本、自学例题）就是留给学生一个静的空间，从而也给学生以宽广的思考和创造空间，并使课堂呈现出错落有致、虚实相生的灵动效果。学生可以利用这种"间歇"充分咀嚼、深入琢磨并消化吸收所学的知识，或者去回忆、思考、联想、推敲，也可以进行实际训练，学生通过这种有益的"小憩"为后面的学习做好心理上、精神上的充分准备。

让学生在"沉静"中自悟。孔子曰："不愤不启，不悱不发。"教师要善于创设"愤"与"悱"的问题情境，并在此状态下加以引领，促使问题在孩子手底下得到解决。在学生处于当"愤"未愤、当"悱"未悱的状态时，要给学生留出足够的时间，让他静静地思考，历经"顿悟"，感受"茅塞顿开"的喜悦及"斗志昂扬"的幸福。

让学生在"沉静"中自思。当课堂气氛过于活跃，学生陷入不假思索的状态时，不妨给他们浇浇冷水，让他们静下心来再细细地思考："我考虑问题是否全面？""我是不是已经考虑多方面的要素？""问题有没有更优的解决方法?"冷静地思考,才是教育成功的真谛。

要努力增加课堂"沉静"的时间

如何引导和把控"沉静是金"的课堂氛围,在上课之前就要有充分准备。

解决"教什么"的问题及"为什么教"的问题。"教"必须以"学"为前提,"教"不能离开"学","教"的目的是促进"学"。要促使"教"回归本意,首先必须解决"教什么"的问题及"为什么教"的问题,从而突出重点,坚守根据教学内容由主到次,合理分配教学活动时间的基本原则。

解决"教什么"的问题。学情分析非常重要,上课之前最好切实了解学生通过各种渠道获得的"已知"、看不懂的"未知"、兴趣所在的"想知",以及潜力所及的"能知",从而做到有的放矢,避免喋喋不休、唠叨没完。

解决"怎么教"的问题。在教之前,还要解决"怎么教"的问题,其中最重要的就是要精心设计有效的教学问题。首先要明确教学中的核心问题。不过,要知道,即便提炼出最核心的问题也不能解决所有的问题,因此需要设计引入、跟进、展开、深化等一系列的"问题串""问题链"。

要提高"生生互动"的有效性。一节课之中,出现频率最高的常常是同桌2人互动,可以及时知道对错,效率最高;同桌之间讨论不出来的问题,则需要小组(前后4人)互动;在此基础上的全班优秀思维方法的交流,则着重解决有争议的问题,以及展示与众不同的答案和观点。

教师也要学会耐心倾听学生的表达。所谓"学会耐心倾听"是指能够理解学生的表达、背后的思考;识别学生的亮点或合理性;提取学生潜在的疑问或思维受阻之处。另外,教师还需要学会"把球抛给学生"。比如当学生的解题思路卡住了,老师可以尝试去询问"你哪里不会""困惑是什么"等,甚至可以请其他同学帮助提出一个启发性的问题,助力其主动去思考,而不是直接给出答案。

教师还要学会临机应变、见机而作。提高应变能力需要有意识地逐步积累经验,最有效的路径是坚持课后及时反思。在写教学反思时,注重言之有物,切忌写空话、套话;持之以恒,养成习惯;必须从"心动"走向"行动",让"思""行"相随。

如何实现课堂有效自学

从教学内容分析来看,自学大致分为以下4类。

第一类是比较浅显的,学生自己能够学会的。对这部分内容,教师一定要坚持原则:坚决放手,由学生自学完成。

第二类是新旧知识有直接联系,旧知识能引发学生对新知识的认识的。对这部分内容,教师在设计学生的自主学习方案时,必须善于利用知识的迁移规律,找准新旧知识的连接点,诱导学生利用旧知识去学习新知识。

第三类知识是相对抽象,不易理解和接受的。对这部分内容,最重要的自主学习方式就是动手操作。学生通过观察模型结构、动手实验等方式,将抽象的知识变得具体化、可感化。

第四类知识就是难度相对较大,依靠学生个人能力无法掌握的知识。这些内容完全依靠学生自学掌握,对相当一部分学生而言并不现实。这时候就要将自主学习的方式设定为"合作",通过学生群体的智慧和力量,来解决看似难以解决的问题。

课堂教学不仅要为孩子今天的健康成长创新探索,更要为孩子的终身幸福发展奠定基础。实现课堂有效自学,是提升学生自学能力、终身发展能力特别重要的环节,更是新时代教育者的神圣使命。

要有明确的学习任务和具体的要求

从管理学的角度来看,目标分解得越细致、越具体,产生的内在动力就越大,效果就越好,效益就越高。基于此,在明确学习任务和要求时,一要给学生树立目标意识,让学生明白通过自主学习自己要达到什么样的目标,要达到目标需要什么样的条件。这样一来，才能使学生学有方向、学有目的、学有动力、学有次序、学有实效。

布置学习任务要坚持分层原则

对于基础好、自学能力强的同学，自主学习轻松；对于基础差、自学能力弱的同学，自主学习是一个很难翻越的障碍。教师在交代学习任务时，不必追求整齐划一的完美效果，因为这不现实。把学习内容中最基础、最简单的问题交给学困生去完成，并积极鼓励他们去更高的领域探索，还要向他们明确几个课堂中必须展示的问题，迫使他们主动去探究并解决问题，完成自学过程，获得过程体验及思维训练。

要有充分的时间做保证

任何一项任务的完成第一要素都是时间，没有时间的保证就没有效率的保证，在有限的时间内高质量完成任务体现了追求高质量的理念。有效利用时间是效率，盲目消耗时间则是浪费。教师在组织和指导学生自主学习时，务必要保证每一分钟都是有效的，甚至是高质量的。一是要充分保证学生自主学习的时间。二要限制小组合作讨论的时间。三要给予学生和各组整理小结的时间。

要注重巡视和指导

学生的自主学习情况如何，教师必须要进行巡视和指导。通过不同形式对学生自主学习情况进行巡视和指导，真正地了解学生的学习情况和掌握学生的学习进度，增强教师教学的针对性。在检查中给学生以督促和"警示"，使自主性较差的学生增强紧迫感、提高自觉性，自觉地严格要求自己。

要进行科学检查和个性化评价

课堂教学是一个动态的过程。教师在交代完自学任务和要求之后，要安排专门的时间对学生的自主学习情况进行检查。检查的形式是多样的，可以是整体普查（一般时间不允许），也可以是抽查，或者学习小组内互查汇报，主要目的是及时了解和反馈学生的自主学习情况，引导和指导学生调整自己的学习行为。

学生自主学习也是个动态的过程

这一过程必须通过教师和学生之间的信息传递和信息反馈，实现控制与调节，从而达到预期的目标。在教学中，教师的检查与评价使师生之间的信息传递与信息反馈得以实现，这一点在教学和落实学生自主学习方面非常重要。需要强调的是，教师在检查评价学生自主学习情况时，第一，要有比较明确的目的性。这样可以使学生了解自己学习目标的完成程度，唤起学生新的认知需要和成就需要，从而引导学生朝着正确的方向发展。第二，检查与评价要有较强的指导性。这样能够促使学生产生心理上的内驱力，帮助他们开启思维的闸门，提高其学习的兴趣和信心，激发他们积极向上的勇气。第三，检查、评价要因人而异。每个学生都是一个独立的个体，一个学生就是一个世界。不能用一把尺子衡量所有学生，要针对不同的学生用不同的标准。教师要熟悉每一个学生，了解他们每个人的基础，关注他们每一个人的努力程度，不要求学生与学生比，要求学生与自己比，给每个学生的发展创造宽松的环境。

新课程改革是一个不断发现问题并解决问题的过程，学生自主学习也是一个动态发展的过程，要满足其学习需求，使学生愿学；要强化交流展示，使学生乐学；要坚持"四定"原则，使学生会学；要重视方法指导，使学生善学。这就需要我们每一位教育工作者，特别是一线教师不断地探索、实践、反思和提升，真正使新课程的理念落地生根，开花结果。

 课堂要努力培养学生的合作力

合作力是指一个人或一个团队在共同完成任务或达成目标时所展现的能力。合作力是一种重要的能力,它不仅仅是一个人的个人素质,还是与他人合作、沟通和协调的能力,是现代社会人必备的一项重要技能。在当今社会,合作力对个人与团队的发展至关重要,只有通过良好的合作,才能更好地解决问题,达成共同目标,并在竞争激烈的时代中脱颖而出。学生的合作力主要指学习中的合作探究能力,这是教师需要用心用智去完成的一项重要工程,它包括培养学生的学习兴趣与合作兴趣并使其敢于质疑、积极创新、获得成功体验、习得探究方法等多方面的内容。教师应该结合教育实践和理论学习,循序渐进地培养学生的合作力,特别是在课堂上必须高度重视培养学生的合作力。

课堂合作的两个目标:学业目标是指让学生通过小组团队的分工合作,互相依赖、鼓励,共同实现学业上的成功,以提高个人的学习愿望,并获得学习成功的乐趣。技能目标是指培养学生与他人合作的基本能力,包括表达沟通和分享能力,尊重他人和团队合作能力,主动探索与研究能力,独立思考与解决问题的能力。

这样的课堂"合作"有意义吗?学生围坐在一起,老师一宣布小组讨论,前排学生"唰"地回过头,满教室是嗡嗡的声音,每个人都在张嘴,可谁也听不清谁在说什么;有的小组长则唱"独角戏",一个劲地嚷嚷,其余同学就只有当听众的份了;有的学生则茫然,不知所措,更有的同学干脆把此时作为玩耍的绝好时机,偷偷地做些平时不敢干、不能干的事……几分钟后,老师一声令下:"停!"全体同学立即安静下来。被叫到的同学一张嘴就是"我认为怎样怎样……"(压根就没有合作的迹象),慷慨激昂;想发言而没被

第三辑 课堂的操作系统

叫到的同学则只能唉声叹气；无言以对的同学则怕被叫到而惶恐不安或暗自庆幸……

课堂"合作"出现的问题在哪里？

一是表层化。不明确合作的目的，不管有无必要，不管具体内容，仅把它作为课堂教学的点缀；或没有自主学习的基础，不给学生以充分的时间和空间，活动频繁，浅尝辄止。

二是自流化。没有具体的任务，也不给每个小组成员落实明确的任务，听之任之，教师不参与，学生放野马，"自主"变成了"自流"。

不要怕学生动起来就乱。学生动起来才有活力、有想法，用小组合作的方式促进课堂的良性发展，从被管理者、受教育者转变为活动组织者、自我管理者和实践建构者，使其主体性得以发挥、学习的主动性得以充分调动。不要奢望短时间内见到大的效果。学生说要成为优秀的自己，没有变得更优秀也没关系，再接再厉，继续成长，只要坚持以学生发展为本，一直努力就一定会成长。不要独自战斗，要整合资源，要把家长、学生、社区、线上的资源用好、用活。要积极策划，认真组织，科学评价，让合作得以有效开展。

合作讲策略，交流激兴趣

新学期，新班级，如何迅速"破冰"，让学生尽快熟悉班级，认同班级呢？班级就像一艘乘风破浪的大船，载着学生在知识的海洋中航行，共同探索未知的世界。一艘大船，虽然有时会搁浅，但只要同学们像水手一样机智勇敢，一定可以征服海洋。一艘大船，虽然有时会遇到风浪，但只要大家齐心协力，就一定能顺利到达目的地。也许小小"入船证"，可以带来启发。开学第一天，给每个学生下发一本"入船证"，里面设计了6道小关卡，要求他们在1周内完成，顺利完成任务的学生会得到一枚学校设计的特殊徽章。

任务一：我的新同学。至少找到20位同学，让他们告诉你他们的兴趣爱好，并签名留念。

任务二：我的新老师。找到至少6位老师，让他们记住你的名字，并学会写你的名字。

任务三：我最喜欢的老师。通过1周的相处，你觉得你喜欢的老师有哪些？为什么？

任务四：我有了新朋友。通过1周的相处，你觉得哪些同学已经成了你的好朋友？为什么？

任务五：我的学校，我的班级。通过1周的接触，写下你对学校、对班级的印象。

任务六：爸爸妈妈的话。孩子在我们班上已经生活了1周，他认识了新朋友、新老师，也开始逐渐适应了新的生活，爸爸妈妈对我们新班级、对孩子有什么想说的呢？

接着，班主任可将班上学生划分成N个4～6人的小组，附上分组规则，包括对人数、男女比例、组建时间、文化建设、小组分工、座位安排等的要求。并遵从小组之间没有高低贵贱之分，也不按成绩划分的原则，在老师的精心指导下由学生组建，双向选择，自主分配职务，自主制定组规。

小组建设的四大原则

组间同质，每个小组之间具有对称性；组内异质，每个小组都涵盖上、中、下各层次的学生；组间比赛，各小组之间开展友谊比赛，激发学习活力；组内帮扶，小组内开展合作学习，互帮互助，共同成长。值得注意的是，不能仅利用一节课让学生匆忙组队，需要近2周的时间，给予学生充分的考虑时间，深思熟虑后再做决定。兴趣是求知的内驱力，要使学生获得持久不衰的学习动力，集中力量去获取知识，创造性地完成学习任务，就要培养学生学习、合作、探究的兴趣。合理的小组组建是小组合作学习得以顺利实施的关键所在。根据个性特征、性别、学习水平、交往能力、兴趣爱好等合理搭配，组成4～6人的小组。各小组成员的组织能力、学习能力、学习成绩、思维活跃程度等方面要均衡，有意识地将不同层次、不同类别的学生按"组间同质、组内异质"的原则分组，有利于组内合作和组间竞赛。

班级活动不能忽略的一个重要的因素便是家校合作，所有活动都应把家长考虑在内，使他们觉得也是班级的一分子，家校合作最好的办法就是学生喜爱老师，家长信任老师，这样合作才顺当。教师还需要跟家长进行沟通，要求家长跟孩子一起商量、讨论，分析小组合作的优势在哪里。有了家长的了解与支持，小组合作学习的效果就会提升，能更好促进学生合作力的发展。

小组的文化建设

在小组合作中，一定要建章立制，这是小组合作学习的动力。如建立规范的奖惩制度，对团结合作、积极探究、相互成就的小组或同学予以表扬或奖励。在小组建立的初期，教师和学生要一起制定小组合作制度。制度的制定要结合"自上而下"和"自下而上"的原则来进行。由组长组织成员讨论并制定有特色的组名、组徽、口号、组歌、组训、组规等，并制作成小组文化标识牌，激励每一位成员。在制定组名时，应突出文化主题，依据学校文化主题或办学特色，以及班级文化主题和班级特色，引领学生制定一个积极向上、富有创意、新颖别致的组名，打造团队凝聚力、向心力和战斗力。

重视小组长的培养

小组长的培养目标：管得了自己，帮得了组员，帮得了老师（收发作业、试卷等）。明确组长职责，根据课堂活动的不同阶段，明确不同的要求。要定期召开组长会议，给小组长提前加"餐"，让优秀的组长开展经验分享，增强其管理意识，提升组长的领导能力。

要创设学习情境

在小组合作探究中，教师要精心地创设问题情境，设置的任务和问题应既是学生可以接受的，也具有一定的障碍性、探究性，这样可激发学生解决问题和排除障碍的兴趣。

合作有智慧，交流讲规律

门门有道，道道有门。合作与探究也不例外，教师要充分发挥自身的引导作用，探寻合作规律，激发合作潜能，提升合作效能。

确定团队目标

有效的合作学习包括建立团队目标和明确个人职责。内容上注意整体性、综合性、必要性，要有较大的思维空间和思维价值。把握合作契机——在教材的重点难点处、在理解的疑惑处、在学生有"发现"时、在发生争论时……这有助于团队完成任务，并达成一个明确的目标。在开始一项任务之前，最好确定目的和目标以节省时间。

明确组内成员职责（表4）

表4　成员及职责划分举例

成员	职责
组长	领导小组活动，确保任务完成
组织员	激励每一位成员参与活动
记录员	分发资料、记录成果
检查员	检查成员学习情况
监督员	监督本组和其他小组执行任务和评价情况
报告员	负责完成报告和交流

培养合作能力

彼此认可，相互信任；彼此接受，相互支持；准确交流，分担困难。具体如：认真倾听别人的发言；心平气和地探讨和讲解；让他人先得到机会；

对他人和自己的学习负责等。通过规范合作技能，提高合作力。

提升合作水平

要给足学生独立思考的时间。讨论必须基于每个学生独立思考之后才能进行，同时要建立小组成员"随机汇报制"，将发言的机会留给每个人，彻底剥夺小组学优生"发言人"的特权。要让合作落到实处。采用有效的分组形式，给每个学生明确任务，提供必要的学习资源，保证讨论的时间。要明确教师如何参与（巡视、参与、评价、激励）。要组织小组间的交流活动和评价活动，鼓励各小组成员热情大胆地参与，要引导学生学会倾听和评价。

鼓励学生养成大胆质疑、积极反思的习惯

在小组探究过程中，鼓励学生大胆发言，对于那些容易混淆的概念，没有把握的结论、疑问，应积极引导和鼓励学生质疑。真理是越辩越明，疑点是越厘越清。对于学生在质疑中出现的问题和不足，老师要耐心引导、适时点拨，帮助学生获得正确的结论。从某种意义上来说，思考尤为重要，它是学生对问题认识的深化和提高的过程。养成反思的习惯，反思自己的思维过程，反思知识点和解题技巧，反思各种方法的优劣，反思各种知识的纵横联系，适时地组织引导学生展开想象，在质疑、反思、想象中更好地成长。

合作有创意，交流讲创新

合作学习依赖于团队成员的积极参与。学生需要尊重和欣赏彼此的观点。例如，课堂讨论可以强调不同观点的必要性。创造出一个鼓励独立思考的课堂氛围，让学生认识到思想的多样性的价值。

使用开放式问题的项目式学习

开放式问题的项目式学习对学生非常有吸引力。与其花大量时间设计一个人工场景，不如从日常问题中汲取灵感。现实世界中的问题可以用来促进项目式学习，并且通常能找到适合合作学习的问题。学习是社会化的，使用

不同的媒介，无论是书籍、讨论、技术还是项目，都是在学习和发展新的想法。合作是一个学习过程，如果管理得当，它就是一个强大的工具，可以让教育者挖掘出新的思想和信息。在学习过程中，我们不仅要让学生学会探究，还要鼓励创新，发展学生的创新能力，让学生创造性地学习。

鼓励"多样"的见解，培养"善问"的学生

引导学生广开思路，重视发散思维，鼓励学生标新立异，大胆探究。老师要让学生深入分析并把握知识间的联系，提出恰当的、富有启发性的问题，启迪和引导学生发散思维。同时用多种方法，引导学生通过观察、试验、分析、猜想、归纳、类比、联想等方法，主动地发现问题、提出问题及创造性地解决问题。

提升探究趣味，发展自学能力

只有当学生对学习产生兴趣时，才能使学生从"要我学"到"我想学"，再到"我要学"。为了让学生对学习产生浓厚的兴趣，教师在课堂上可以创设一些悬念和情境，启发学生把生活中的现象与学习的内容相结合，对之进行探究和思考，让学生认识到平时学习的知识对解决生活中的实际问题很有帮助，唤起学生的有意注意，激发学生对学习内容的好奇心，使学生对学习产生浓厚持续的兴趣。自主学习能力是指学习者在学习活动中表现出来的一种综合能力。有了一定的自主学习能力，学生就不再是被动接受知识的机器，而是能用科学的方法主动探求知识、敢于质疑问题、个性充分发展的学习的主人。学生自主学习能力的提升与教师的主导作用密切相关，需要教师经常地启发、适时地点拨、积极地引导，需要长期地、有计划地进行系统培养。

从"标准化"走向"自由化"的合作小组新探索

在"标准化"的小组合作中，还是存在一些隐忧。如成员的固定，使得小组合作相对缺乏流动的新鲜活力；时间的固定，造成了讨论时有些小组还

兴味犹浓，而有些小组却默默无语等。在魅力教育改革的实践中，尝试采用"自由化"的小组合作学习方式，以避免"标准化"小组合作存在的问题，更是一种合作学习的迁移补充与创新探索。"自由化"的小组合作打破了以往的"标准化"模式，没有固定的成员、时间、议题、形式，一般在课堂的起始阶段进行，或课外随时进行，意在真正激发学生兴趣、拓宽学生视野、激活学生思维、提升学生综合能力。

成员自由组合

这是"自由化"小组合作的基础。学生毕竟年龄尚小，活动设置要尽量满足他们的心理需求。《儿童的秘密》一书指出，学生追求更多的是有趣的同伴和好玩的游戏。中小学生特别是小学生中存在着各种"自由性友谊"。在小组合作时，让学生自由挑选合作伙伴，能大大调动同学们的起始兴趣，有效扩大他们的交流空间，增加相互交流的机会；能让同学们和更多的伙伴一起，在热情满满的交流中碰撞出真正富有创意的思维火花；能同时满足每个学生对于"影响力"和"归属感"的内在情感需求。

形式自由选定

创新不要缩手缩脚，自由选定可能会带来创意的"灵光闪现"。小组合作中教师要充分授权给学生，让他们自己决定讨论的形式，是逐个发言，是辩论赛，还是一对一的对话，全由同学们自己协商决定。总之，要打破各种条条框框，讨论要自始至终在自由和谐的氛围中进行。此时，孩子们的心灵之门才能被真正打开，语言表达力才会被真正激活，思维的深度、广度、厚度也才能被真正发掘。

内容自由选取

把讨论内容的选择权交给学生，有利于学生选择自己真正关心的问题，或者是彼此感兴趣的话题。对难度适宜的话题，学生才会有源源不断的想法和情感得以表达和传递。同学们的兴趣点往往是丰富多彩的，以讨论一篇文章为例，讨论的主题可以是篇章结构，可以是开头、结尾，也可以是人物描写、环境描述……总之，同学们在讨论内容上的自由选择与自由发挥，能很好地调动起他们的讨论欲望并拓展其思考空间，还能避免讨论内容过于单一，这样可以无形中扩大讨论的范围，获得合作讨论的良好效果。

时间自由把控

教师要敢于放手，善于给孩子时间。因为只有在比较充裕的时间里，孩子们才能安心讨论，大胆思考，而不是一味地东张西望，等着老师的结束指令。我们要预留比较宽松的时间，让孩子们进行沉浸式的讨论，而不是蜻蜓点水般快速结束。不要突然停止讨论，否则孩子们期望说出口的话语会被打断，对孩子的语言表达会有不良影响。

地点自选

同学们往往有对独立空间的需求及低声交谈的需要。在自由讨论时，如果允许孩子们离开座位，找寻自己的秘密天地，他们的兴趣往往会被进一步激发，情感需要会得到进一步满足。教室里也有可选择的讨论的地方，比如各个角落，前后黑板旁等。这样不固定的讨论地点还能有效避免共同讨论时的嘈杂干扰。

教育不是自己要有一桶水才能给学生一瓢水，而是创设一种氛围，让孩子自己去打水。一个班级就是一个生态圈，良好的"班级生态"应具有"自我修复"功能，通过小组合作，所有的班级成员在一种良性的"师生关系"中共同成长。"师生关系""亲子关系"中的"自由成长"。合作探究之路，就是育人育才之路。当我们真正把自主、合作、探究式的学习理论与教育教学的实践紧密结合起来的时候，教师的教一定会焕发出新的生机与活力，学生的学也一定能呈现出鲜活而灵动的生命力。

课堂要强化合作学习后的分享展示

在课堂中,很多老师忽略了学生自学、讨论等之后的后续手段,学生绞尽脑汁得到的极富个性化的见解并没有对外"发布"的机会,即使教师设置了分享和展示的环节,也往往是蜻蜓点水,浅尝辄止,稍一放手便被老师重新迅速"大包大揽"过去,致使学生再好的创造性意见也得"胎死腹中"。分享展示不是要追求热闹,而是要追求老师与学生之间、学生与学生之间情感的连接,并通过展示暴露出问题,共生出问题,而现场生成性的东西比预设的更能开拓思维,更能提升学生的思维能力。

为什么要强化分享展示

学生在经历了独立的探究、小组的合作学习之后,精神处于高度兴奋的状态,他们或许有独到的见解要与人分享,或许有合作的成绩要向其他小组炫耀,通过"分享展示",能够满足学生的表现欲望。学生在自学探究和合作学习中,不可避免地会遇到疑惑,这些凭自身力量难以解决的问题,如果仅靠教师想当然地"讲授",未必能够"对症下药"。分享展示的过程,也是暴露问题、有针对性地解决问题的过程。

分享展示的基本策略是什么

分享展示以合作小组为单位进行

分享展示以小组为单位,面向全班学生进行。学生作为焦点,以各种形式,大方、自信地表达自己的想法。分享展示结束后,各个小组之间还将进行质疑、辩论、交流、补充等。

为不同基础的同学分配难度适宜的分享展示任务

分享展示要凸显每个小组成员的作用，有效调动每一个小组成员的积极性，合理分工，各展其能，彰显团队的精神风貌与智能才华。

教师进行追问、点拨、启发、引导，并及时评价

教师不能做旁观者，而要深入其中，开展有效问题的追问，难点问题的点拨，适时给予科学的启发，积极热情的引导，多元激励的评价，让分享交流成为一种思维场、生命发展场。

进行必要调控，不宜在非重难点问题上用时过多

要发挥教师必要的调控作用，要体现分享交流的价值，要重在思维的迁移、难点问题的突破、思维的创新，做真正有意义的分享展示。

对分享展示的学生和倾听的学生提出具体要求

分享展示是课堂重要的教学活动，要精心策划、严密组织、设计科学、规范高质、文明有序。

设置明确的分享展示时间

要有科学准确的时间指令，教师要在小组合作学习的巡视过程中选择值得分享的小组参与展示，让分享展示成为课堂上一道亮丽的风景。

分层进行分享展示

一般情况下，分享展示主要由B、C层学生进行，点评主要由A层学生进行。要充分调动每一位成员的学习热情，让每一位成员感受到自身的价值。B、C层学生进行分享展示，有利于激发在自学研讨中的动能，充分调动内驱力。A层学生进行点评，激励其继续攀登，激发其不断思考、不断创新的能力。

分享展示时要注意哪些事项

教师主要进行情感劳动与思维引导，而非给出正确答案。今天的教育已经翻篇了，教师要做的是如何使学生在衣食无忧的环境中保持学习热情，激发学生主动探究思考的积极性。在小组合作学习后，开展小组分享展示是一个重要的环节，它可以帮助学生分享展示自己小组的学习成果，加深对知识的理解，提高自信心和表达能力，还能增强小组的凝聚力，分享各组优秀的成果，促进各个小组之间的共同成长。

要确定分享展示的方式

小组合作学习的分享展示方式可以多种多样，比如报告、演示、展览、表演，有条件的还可借助平板展示等。可以根据学习内容和目标选择多样化的展示方式。

要重视小组成员的分工合作

在小组中，可以根据每个人的特长和兴趣进行分工，让每个人都有自己的任务和角色。分享展示的是小组团队的集体成果，而非突出个人业绩，这样可以发挥每个人的优势，提高工作效率，促进小组成员的共同成长。

要提前认真准备

在分享展示之前，要做好充分的准备，包括收集资料、制作演示文稿、排练等。可以提前准备好需要的物品和设备，确保展示过程顺利进行。

要概括得简洁明了

在分享展示时，要尽量简洁明了地表达小组的观点和成果。可以使用表格、图片、视频等辅助手段，使观众更容易理解。

要积极交流互动

在分享展示之后，要与同伴小组间进行互动交流，回答问题并接受建议。这不仅可以展示自己的成果，还可以促进小组之间的交流和合作。

要注重总结反思

在分享展示结束后，要进行反思和总结，分析优点和不足，以及需要改进的地方。这样可以不断提高自己的分享展示能力，增强学习效果。

分享展示的误区在哪里

分享展示的误区常表现为：①课堂教学改革各阶段的分享展示形式与特点过于相似，不能随着改革的深入而"升级换代"；②分享展示时间、目的、形式等方面缺少学段特点；③分享展示方式过于单一化、套路化；④教师偏重分享展示环节的教学意义，忽视了其中的教育意义；⑤学生分享展示时，缺少由外向内再向外的反刍与消化过程；⑥分享展示环节经常流于形式，未能内化为良好的学习习惯；⑦分享展示环节的弊端未引起高度重视，更缺乏破解之策。

如何通过分享展示更好地实现教学目标

要促进有效学习

分享展示必须在学生有效自学、小组内讨论结束后进行，教师组织学生分享展示必须在充分了解各小组学情的基础上进行。

要重视预习与展示

预习什么就讨论什么，讨论什么则分享展示什么。分享展示可以是书面展示、口头展示和形体展示，最好是脱口展示，把学习内容表述出来，而不是必须让学生把探究的结论写出来才算分享展示。

要调控好节奏

要调控课堂节奏，把握好小组集体的探究学习和分享展示，提升分享展示的质量，拓展思维、提升素养。

要克服胆怯心理

教师要通过一系列的措施使学生克服羞于分享展示的心理，讲给谁听就面向谁，一般是面向全体学生。

要规范展示

用规范语言分享展示和用普通话分享展示。如：这个问题还有新的解法……；这个问题我们是这样想的……；这个问题应该这样解决……；我有疑问……；我来补充……；我建议延伸读哪本书的哪个章节……。

要研究分享和展示方式

刚开始时学生自学内容不能自学一个就研讨、交流与展示一个，应该是在每个同学完成独立自主学习内容，小组内的研讨活动结束后再开展小组间的分享展示，其目的是使学习更加深入，分享展示更有价值。

教师要及时参与

分享展示的内容不一定是正确的，学生可以说出不懂的内容，然后寻求其他小组的帮助，在讨论中获得问题的解决方案，教师在需要点评时再点评。

要重视分享展示后的补充

学生的展示应积极主动，不能学生举手老师点名展示，学生有需要补充的、有质疑对抗的直接站起来面向全体学生分享展示。

分享展示要脱稿

分享展示环节直接关注知识内化和能否变成能力。因此，学生的分享展示应脱稿，用自己的话说，而不是念答好的题。

要相信学生

要相信每一个学生，特别是不要忽视"学困生"，只要他们有一个闪光点就要及时肯定，鼓励他们分享展示，不要怕他们答错，要用爱心去感化他们。要引导学生大胆参与、声音洪亮、站姿挺拔。要鼓励学生延伸阅读，或通过互联网搜索使学生视野被更多地打开，在课堂上学生则会有更多表达的愿望，在碰撞中则会产生更多思维的火花，从而更好地促进小组之间开展友谊比赛，激发各小组的学习动能，提升综合素养，实现高质量发展。

总之，在小组合作学习中，分享展示是一个重要的环节。分享展示需要充分准备，简洁明了地表达自己小组的观点和成果，并与观众进行互动交流；分享展示需要倾听他人想法、接纳同伴、勇于参与、寻求帮助、礼貌地提出异议、善于站在他人角度考虑问题等；分享展示后需要反思总结，不断提高自己分享展示的能力和探究学习的效果。

课堂需巧妙设置情境

课堂教学实践表明，只有当学生被教师设计的课堂情境所感染，或思维进入预定的情境之中时，才能取得良好的预期效果。无情境不教学，没有情境的教学，是抽象的、生硬的、灌输式的、机械的教学。情境教学强调以情境为支撑，强化学习者对知识的理解、掌握和运用，是培育学生核心素养的重要途径。情境教学的好处是把教材教活了，把孩子们激活了，把教学过程中的育人功能充分地展现了出来，因此，情境教学是课程育人的一种有效探索，课堂情境的科学与艺术创设已成为体现新课标理念的重要指标。

情境教学中常见的误区

常见误区：与主题无关的情境；"猜谜式"的情境；缺乏真情的情境；"炫彩"的情境。

案例1

师：同学们，你们喜欢旅游吗？

生：喜欢！

师：那你们到过哪些地方旅游呢？

生1：我到过桂林。

师：好玩吗？

生1：很好玩！那里有漓江，漓江的水很清！桂林还有象鼻山，象鼻山和大象特别像！爸爸妈妈还带我去了酒吧一条街，我看见了许多老外！我还和一个外国人用英语说了几句呢！后来还和外国人合影了！

师：真的很有意思！还有别的同学可以告诉我去了哪些地方旅游吗？

生2：老师，我今年暑假去了庐山，那里的风景很好，有很多漂亮的树，让我记忆最深刻的是一线天，胖一点的人都过不去，和我一个旅游团的有位大叔，肚子太大，卡在里面出不来了……

生2：经过我们的努力，一个人在前面拉，一个人在后面推，终于把他推出来了。

师：哦！原来是虚惊一场。

此时教师似乎感觉到离题有点儿远了，又说："我也去过很多地方旅游。"老师打开PPT，出示日月潭的照片，问："看看这是什么地方？"

…………

案例2

有位教师讲授《乡愁》，设计了一个提问导语，目的是让学生说出题目来。于是他叫起一个学生，启发道："如果有个人到了一个遥远的地方，时间一长，他开始想念自己的亲人，这叫什么？"

学生答道："多情。"

"可能是我问得不对，也可能是你理解有误。好，我换个角度再问，这个人待在外乡的时间相当长，长夜里他只要看见月亮就会想起自己的家乡，这叫什么？"教师又问道。

"月是故乡明。"学生干脆地答道。

"不该这样回答。"教师有点儿急了。

"举头望明月，低头思故乡。"学生回答的语气显然不太自信了。他抬头一看，教师已是满脸阴云，连忙改了答案："月亮走我也走。"

"我要求你只用两个字回答，而且不能带'月'字。"教师继续启发道。

"深情。"学生嗫嚅道。

好在此时下面有同学接话："叫作'乡愁'。"教师才如释重负。

……

创设教学情境，要以鲜明的形象强化学生感知的真切性，以真切的情感调动学生参与认识活动的主动性，以广远的意境激发学生的想象力。创设教学情境的途径是多样的，如生活展现情境、实物演示情境、图画再现情境、音乐渲染情境、表演体会情境、语言描述情境。教学情境的创设要考虑学生实际、教学内容、班级特点及教师的教学风格，不要故弄玄虚，牵强附会。创设教学情境，要关注从导入环节的情境设计到问题解决型学习任务的真实情境的转变。过去我们评价一堂课的情境创设怎么样，往往看导入环节是不是设计得巧妙、生动，是不是能够引起学生的兴趣。但按照核心素养的要求，作为情境创设要尽量真实。所谓真实，就是指在现实生活、科学研究中真实存在的情境。

结合学情，唤醒经验，考虑情境的"真实性"

要确保教学情境的有效性，首先要确保情境是真实存在的。杜威曾提出，学习应该以真实情境为基础，而不是基于孤立的知识点。只有贴近生活的真实情境才能激发学生学习的欲望和动机，引导学生真正"入境"，从而激发学生学习的兴趣。真实的情境究竟从何而来？教师要有智慧的眼睛和收集的意识，善于发现学校生活、家庭生活、社会生活中适合为学习内容服务的教学素材。

我们常常讲的真实情境不一定是事件的真实，而一定是感受的真实、撬动学生学习欲望的真实。比如现在课堂上常用的"微电影拍摄""感动中国人物颁奖辞撰写"，这些情境的构建看似真实可行，其实和学生的生活经验相距甚远，他们并没有在撰写拍摄脚本后真的进行拍摄，也没有进行所谓的颁奖，这样的情境纯粹是教师为了教学而创设，并不能激发学生的学习热情。所以，我们创设的情境应和学生的生活经验紧密结合。如在一次以"新闻撰写"为主题的公开课中，教师将情境直接创设为"今天的班报需要一则以班级公开课为题材的新闻"，在这个情境下，学生现场采访同学、上课教师、听课教师，而后撰写新闻稿，在完全真实的情境中感受新闻的鲜活性，极大激发了学生的学习兴趣，听课的教师也深受启发。

在历史教学中，可巧用历史情境，激发学生的探究兴趣。某历史教师介绍了张文亮《我是旷野的小花：南丁格尔的生命历程》中的一个片段：

1880年，戈登回到英国后，曾去拜访南丁格尔，他对南丁格尔说："我们前线军人对国家的奉献，还不及你们护士所做的1/20，但是世人却不给护士该得的称赞。"戈登去喀土穆前，曾写下自己的生平并寄给南丁格尔。1885年，在戈登阵亡的消息传到南丁格尔耳中后，南丁格尔根据戈登的自传，整理出版了纪念册。

接着，教师提出问题：①戈登所说的"对国家的奉献"指的是什么？②这种"奉献"反映出当时怎样的国际局势？该如何看待这种"奉献"？

由个体经历推及群体活动，学生在阅读材料和教师的引导下，认清戈登的殖民者本色，感受18世纪、19世纪列强与殖民地半殖民地间的尖锐矛盾，理解殖民活动的罪恶性。

教师设计意图：戈登和南丁格尔在人们心目中的历史形象截然不同，很少有人会关注到他们间微妙的联系。利用这则历史情境，快速激发学生的探究兴趣，通过问题带领学生进入18世纪、19世纪欧洲殖民扩张与亚非拉民族独立运动的时空情境中，为接下来的学习做好铺垫。

利用科技创设情境，培养学生的科学态度。理化生学科的发展是科学技术发展的重要前提条件。理化生课堂教学中，教师要关注前沿科技的发展，结合科技创设相关教学情境，让学生感受到理化生知识的强大应用性，了解理化生知识给人们生产、生活带来的便利，培养学生的科学创新意识、探究能力及积极向上的科学态度。

学会思考，发展思维，彰显情境的"梯度性"

情境教学是当前教学中最常用的方法，通常以片段式和一"境"到底式呈现。在片段式情境教学法中，教师往往在每一个教学环节都设置一个教学情境，让学生掌握相应的知识点。这种方法缺乏系统性、整体性和一致性。而一"境"到底式的教学方法，是将一个情境分解成若干个片段，根据教学进程和学习内容需要，设置成"梯度性"的情境。引导学生从简单情境逐步"拾级而上"到复杂情境，在学习过程中了解情境的前因后果，从而让学生不由自主地全程参与。这种"爬梯子"的感觉，正符合学生的心理特征和学习规律。如在道德与法治"青春萌动"一课中，教师可以以电视剧《追光的日子》为情境，围绕高三学生高远和任真的故事展开情境教学。首先通过播放男女主角初识阶段互相安慰的影视片段，让学生感悟青春萌动的表现；其次通过男女主角互相扶持追梦的故事，引导学生分析异性正常交往的正面影响，并探讨如何面对青春萌动；最后呈现电视剧的结尾，组织学生开展续写结局的活动，让学生对"什么是真正的爱情"进行思辨。

梯度式问题情境不仅能够分解一些难度较大且较为复杂的数学问题，而且这种层层递进的方式也有利于强化学生的逻辑思维能力。需要注意的是，梯度式问题情境需要关注问题设计的层次性，可依照学科教学内容和教学目标及学生的学习情况进行设计。例如，针对数学符号的使用，梯度式问题情境的构建可以以游戏为主。教师首先在黑板上写出一个缺少符号的公式，如18 2 3 6=18，然后要求学生通过添加符号的方式确保这一等式可以成立。在学生完成之后，教师可以再给出一个缺少符号的公式要求学生添加符号，即18 2 3 6=81，这时数学教师可以给出相应的提示，如"九九八十一"，以此引导学生正确使用小括号。最后教师再给出类似公式，如18 2 3 6=1，要求学生进行思考，学生快速做出了回答。通过这种循序渐进的问题情境开展教学可以提高学生的学习能力和学习质量，这对促进基础教育创新发展具有一定的帮助，也很好地满足新课改中以生为本的教学要求。

在地理学科高二年级"地球运动"的教学中，教师可以利用"北京故宫赤道式日晷视频"这一情境，让学生通过研究赤道式日晷的原理，搞清以下几个问题：①一天中太阳高度的变化对晷针投影位置的影响（属于单点结构），进而推断一年中正午太阳高度的变化对晷针投影位置的影响（属于多点结构）。②如果把北京的赤道式日晷整体移到武汉或者乌鲁木齐会出现什么问题？如何修正（属于关联结构）？③如何利用日晷测出当地的经度（属于拓展抽象结构）？

通过创设具有不同思维层级的问题，教师不仅可以了解学生对知识的掌握程度和认知方式，更重要的是用情境带动学生思维的不断深化，提升思维深度。

事出有因，激疑生惑，强化情境的"问题性"

问题从何而来？有效的问题不是教师随意提问、脱口而出的，问题要从情境中来，是教师基于情境内容而发起的提问，是学生面对情境内容而产生的疑问。核心素养导向下，教师不应将提问局限在"是什么""为什么""怎么样"等书本中能够直接找到答案的问题上，而要将情境作为提问的载体，将解决情境中的问题作为驱动学生思维的任务。通过情境联结学生的知识、经验、能力和方法等，引导学生在活动、任务中将学习结构化，从而使素养在无形中得到培育。如在道德与法治"网络改变世界"一课中，教师可以呈现网络暴力、网络谣言等漫画图片及大数据杀熟、App监听等新闻视频，让学生结合图片、视频情境分析网络的弊端。

创设情境的主要功能是提供学习发生的场域，而教材文本是我们课堂学习的主要对象，在当下的很多课堂中，我们常常看到学生自由行走在教师创设的情境中，又唱又演，又画又写，看似热闹万分，却彻底地丢开了文本，这样的本末倒置会让学生的学习浮光掠影，以为自己收获满满实则一无所获。因此，在创设情境时教师要考虑的是学习是否真实发生，情境能否帮助学生实现文本浸润或者学习内容的深入。在教学《背影》一课时，可将父子的情感关系作为主线，将父亲的信件作为情境的创设点，设置情境任务为让学生为父亲写一封回信，促使学生进一步深入文本、读内容、读情感、写回信，而任务与文本结合也符合八年级学生的能力水平，因此，这个情境创设是有效的。

运用实验的问题情境，深化理化生重难点。理化生学科教育教学的开展需要基于实验来推进，一个完整的理化生实验就是一种理化生情境，运用理化生实验引导学生观察并发现理化生现象，再从现象中发现问题，解决问题，获取知识。学生参与理化生实验，既能引导学生思维，训练其推理能力，也能增强学生对重难点知识的理解和掌握，从而感受到理化生学科的趣味与神奇魅力，提高解决问题的实践能力。

关注世情，链接现代，注重情境的"社会性"

学生是社会中的人，社会性是人的特殊属性。在"双基"时代，教学更要关注基础知识和基本技能的掌握，学生往往"两耳不闻窗外事"，这也造成了社会性的缺失。建构主义认为，知识是个体与环境在相互作用的过程中建构起来的。因此，学生的学习不能脱离社会而存在。学生的"社会性"决定了教学情境的"社会性"，这就要求教师在创设情境时，要重视学生的"社会性"成长，积极引导学生参与社会生活、社会实践，加强学习共同体建设。只有置学生于社会中，置所学于社会中，才能让学生在真实复杂的情境中培育核心素养，使学生成为真正的"社会人"。

传统的地理多媒体主要是地图、挂图、模型、幻灯片等，随着现代信息技术的发展，教学手段也现代化了，包括电子地图、投影仪、多媒体、网络、电影电视栏目及遥感、地理信息系统等。多媒体教学是地理教师将地理教学信息通过适当的多媒体手段，与学生构成一组地理教与学的交互系统。例如，在学习长江时播放《长江之歌》，学生能很好地理解和体会长江是我国第一大河，也是我国的母亲河。同时配以不同江段的风光图，有利于学生掌握"长江的开发和治理"的知识点。

结合生活中的理化生现象，创设生活中的理化生情境。理化生学科极具实践性，新课标在多个方面强调，理化生课堂教学要注重与生活之间的密切联系，注重从生活走向学科，由学科回归生活。课堂教学要将生活中的理化生现象进行情境创设，将学生熟悉的生活现象与理化生知识相联系，既能帮助学生更透彻地理解理化生学科知识，又能激发学生参与学习的主观能动性。

我们学习各学科都具有一定的工具目的，而设置情境就是让学生提升知识运用能力。然而，不少教师创设的一些情境并没有实现学科的某些工具性功能。比如教学《劝学》时，有教师构建的情境为：让学生以记者的身份采访荀子，请他分享自己在议论方法使用上的心得。这样的情境创设罔顾文学作品创作的普遍规律，学生只要背诵结论就可以完成，于学生核心素养的提升无益。其实《劝学》主题和当下"丧文化"针锋相对，虽是传统文化却极具现代价值，教师可以课前搜集学生遇到的学习观方面的困惑，请学生运用《劝学》中的观点为同伴解惑，这样既能理解议论的观点，也让学生在不自觉中运用了议论方法，将学科内容付诸实践，解决了学习生活中的"真问题"。

走进文本，艺术表演，注重情境的"参与性"

儿童个个都是天生的艺术家，表演能够有效地调动并发挥儿童的积极性和创造性。语文教材中有些篇幅戏剧因素浓厚，语言的动作性强，教师要善于把它们改编成小品或课本剧，让学生走进课文，扮演课文中的人物，在"动"与"乐"中把握课文内蕴，理解人物的性格、语言、动作、神态及内心世界。打开语文课本，与经典来一场穿越时空的邂逅；走上绚丽舞台，和文中人物进行一次灵魂的对话。这能加深学生对课文的理解，落实语文学科核心素养，丰富语文学习生活，促进学生综合素质的提高。

如表演王安石《答司马谏议书》的舞台剧，君子之交淡如水，雄辩之气如虹。撩起历史的面纱，穿越时间的隧道，去感受唇枪舌剑里无形的硝烟。

如表演莎士比亚《哈姆雷特》的舞台剧，"生存还是毁灭，这是一个值得思考的问题；默然忍受命运的暴虐的毒箭，或是挺身反抗人世的无涯的苦难"。

如表演鲁迅《记念刘和珍君》的舞台剧,"沉默呵,沉默呵!不在沉默中爆发,就在沉默中灭亡。"追寻信仰之光,激扬青春热血。

一方舞台,演绎人生百态;浩瀚经典,体悟人生哲理。莎士比亚说:"最好的戏剧,也只不过是人生的缩影。"舞台上的演出能激发同学们追求梦想,成就精彩人生。

一位教师教学《守株待兔》,很快就教完,可学生并不理解其寓意。这时教师灵机一动,扮成守株待兔者,倚在黑板下,闭目打坐,让学生"劝"自己。学生兴致倍增,纷纷劝起老师来:"老师,你等不到兔子啦!"……"老师,再等下去你会饿死的!"老师还模仿守株待兔者的口气和学生争辩。学生越劝说,兴致越高,就越深刻地理解这篇寓言的意思。

在英语课堂里,学生表演《狐假虎威》课本剧,通过表演这个故事更加形象地告诉我们一切狡猾、奸诈的人,总是喜欢吹牛皮,说谎话,靠欺骗过日子。这种人虽借外力能逞强一时,而其本质却是最虚弱不过,不堪一击的。从课桌到舞台,英语课本剧演出可以激发学生对英语学习的兴趣,扩大学生学习英语的视野,不再拘泥于课本,促进学生更加大胆积极地运用所学英语知识表达自我。更让孩子们的综合能力得以全面发展。他们在英语表达与表现能力、文学修养、艺术修养等方面都将获得全面提升,团队合作意识、人际交往沟通能力也大大增强。从舞台上走下来,每个孩子都会更加自信。

学习是为了解决生活中的问题,最终为生活服务。儿童是蕴藏着智慧和具有高级情感的生命体,成长空间的宽与窄、优与劣决定了他们成长得健壮还是脆弱。教育必须顺其天性而育之。让儿童在与老师、与伙伴的互动中,与世界、与生活的关联中学习知识,为他们的学习提供丰富资源、有力支撑,营造最佳的学习环境,使教学设计更具科学性、更具创造性,从根本上保证课堂的快乐、高质,努力为新时代的育人事业做出贡献!

 课堂要强化刻意练习

科学家发现：同样的练习时间内，普通运动员更喜欢练习早已掌握的动作，顶尖运动员则更多练习各种高难度的有挑战的动作，这其中就有刻意练习。刻意练习是一种有目的、有计划地进行的科学练习，是为了提高能力而被刻意设计出来的练习。孩子的成长不能盲目相信"时间的力量"，比坚持和努力更重要的，是找对路径和方法。刻意练习的重点是"刻意"，而不是"练习"。人所掌握的知识和技能绝非零散的信息和随意的动作，它们大多具有某种结构，这个结构就是套路。刻意练习的目的，是将套路"内化"到大脑中，换言之，技能是"长"在大脑中的。课堂要强化刻意练习，真正提高课堂教学的效能。

"一万小时法则"，可能很多人都听说过。这是马尔科姆·格拉德威尔在《异类》一书中的核心观点：普通人要想成为一个领域的高手，需要10 000小时的训练。"一万小时法则"因此广为流传。它也因此成为很多父母"鸡娃"的有力依据——成绩不如人？那是功夫不到家。只要在学习上花比别人更多的时间，就没有理由不如别人。不过，"一万小时法则"忽略了一个很重要的变量，那就是练习的效果和效率。拿小提琴演奏来说，有的人尽管练习时间足够长，却仍无法成为大师级演奏者；相反，那些练习时间虽然不如前者，但有一位能在练琴过程中给予适时指导的好老师，往往会有更出色的表现。

今天的教育想要取得更好的效果，刻意练习同样重要。任何一个孩子，想要取得某项成绩并不能仅仅靠苦学，在孩子的身边，需要有一位足够优秀的指导者。应该打破传统的教学方法，聚焦于能力，而非知识，以终为始制定目标，真正提高孩子的学习效能。为什么有些"小学霸"后来就不行了？人脱离舒适区需要强大的意志力，甚至是一种修炼。太早进入了舒适区，环

境和自身不自觉地使他们沉浸其中，阻碍了他们学习新技能，使他们逐渐丧失了竞争力。

练习方法比练习时间更重要

未来的孩子如何为社会的快速变迁做好准备？除了不断学习新的技能，别无选择。因此，训练孩子如何更有效地学习，将变得至关重要。毫不夸张地说，对于脑力工作者来说，水平高低在于掌握套路的多少。掌握了这些套路，就掌握了某个知识或技能，就形成了大脑的神经元链接，反过来又会强化已有的知识和技能。

诺贝尔物理学奖获得者韦曼，曾在英属哥伦比亚大学发起一项"科学教育计划"，探索用一种更好的方法来教授物理学科，而不是采用传统的45分钟教学法。具体来说，就是让老师用一种基于刻意练习原则的方法来教学生。每次上课之前，要求学生读一段从物理学课本中摘下来的内容，有三四页纸长，然后再完成一个简单的在线判断题测试，看看他们对这部分内容掌握了多少。这样可以让学生对课堂中会讲到的物理学概念先有所了解。接下来，老师会将学生分成几个小组，然后提出一个课堂问题。这个问题对学生是有一定难度的，学生可以在小组中探讨问题的答案。老师则是最终的阐释者，并负责回答学生可能提出的任何问题。这样的讨论使得学生可以充分思考一些概念，寻找概念之间的联系，探究范围也往往会超出特定的课堂问题。上课期间，老师会在各小组之间来回走动，倾听学生的讨论，回答学生的问题，并且辨别学生在哪些方面还存在问题。

实验结果表明，这样一种翻转课堂，因为学生能收到来自老师和同学的及时反馈，课堂参与度和学习积极性明显更高。即使是知识内容的掌握，也比传统教学法下的学生高出2.5倍。运用刻意练习原则改革传统的教学方法，可以大幅度提高各个领域和学科的教学效能。如果只是教学生一些事实、概念和法则，它们会作为单独的信息进入长时记忆中。假如学生想用它们做某些事情，如解决一个问题，那么注意力与短时记忆的局限便会显现出来。学生在寻找解决方案的时候，还得记住这些不同的、相互之间没有联系的信息。这也是为什么，在传统教育中，除了科学教师，大多数人都无法正确地解释是什么引起了四季更替，即使这些知识早在小学科学课上出现过。

刻意练习意味着采用行业杰出人物的成功经验，在专业导师的指导下进行的有明确目标、有行之有效的练习方法，有及时反馈，并持续突破舒适区的过程。这个过程的最终目的是让练习者形成有效的知识框架，并通过这些知识框架来提高学习效率。刻意练习的方法是否科学有效，这是刻意练习是否有效果的关键因素。第一届奥运会上马拉松冠军的成绩是将近3小时，但是今天马拉松的最好成绩已经达到2小时零35秒，提高了将近1小时，这就是采用了科学有效的训练方法的结果。当然，我们知道，在体育、乐器，或者一些技能类项目上，是有大家公认的训练方法和训练手段的，但是在学科知识的学习上，是否存在公认的最好的学习方法呢？即使都是学霸，彼此的学习方法也可能大相径庭，那我们如何辨别什么是好的学习方法呢？打破传统的教学方法，以终为始制定分阶段小目标，聚焦于能力，而非知识，去真正提高孩子的学习效能，这已经成为时代对教育的要求。新时代、新百年，已经不存在"上学、找份工作，然后退休"这种固定的人生模式。40年前存在的许多工作，在今天要么不复存在，要么已经改头换面。现在的年轻人普遍要换好几次工作，也没人知道将来的工作会是什么样。我们只有学会学习、积蓄能量、增长智慧，才能适应未来的社会。

刻意练习法在教学中的应用

有人说，学习就是重复，再重复。但简单机械的大量重复不仅于学习无益，还可能导致学习者生厌。机械的重复，往往意味着我们在熟悉的环境中，用固有的方式一遍遍地执行某项任务，虽然能在短期内提升熟练度，但往往止步于技能的浅层应用，难以实现质的飞跃。刻意练习并非简单地堆砌时间或次数。它强调在每一次练习中注入思考、调整和优化,使学习过程充满活力与生机。

设立明确的教学目标

教学目标是对学生学习及发展结果的预期,是课程内容选择、教学活动设计、学业质量评价的基本方向和依据。教学目标的素养导向,有利于转变将知识、技能的获得等同于学生发展的目标取向,引领教学实践及教学评价从核心素养视角来观察和促进学生的全面发展。教师可以帮助学生设定清晰具体的学习目标,使学生在学习过程中有明确的目标。具体目标越明确,越能有效引导孩子练习。

培养坚定的学习动机

首先是内在有着成功的渴望和自信。这一点是最重要的,但是这种成功的渴望与自信,有些是在为自己的未来职业做准备,在追求理想中激发出来的;有些是逼出来的,比如为了改变不好的生活现状;有些是兴趣使然或者就是偶然的一个机遇触发的。但是不管哪种方式,外在给予的动力,比如父母、教师、同伴的认可与激励,对于学习者能够保持持久的学习动机都是至关重要的。学习者是否具有坚定的学习动机,这一点可以说是决定了一个人最后可以达到的高度。刻意练习都是非常辛苦的,需要付出很大的心力与体力,如果没有坚定的动机很难坚持下去。

设计有目的的练习

刻意练习的第一步,也是最关键的一步,是发现或创建专业领域背后的模型;刻意练习的第二步,是进行刻意练习。刻意练习的真相——从舒适区到学习区的迈进(图2)。最佳训练组合应该是学习内容中有15%的意外率和85%的熟悉率,这样的学习效果最好。从心流体验来看,熟悉加意外能激发好奇心。学习新知识时,大约85%的旧知识加上15%的新知识,是学习者学习体验最好、学习速度最快的"学习甜蜜点"。

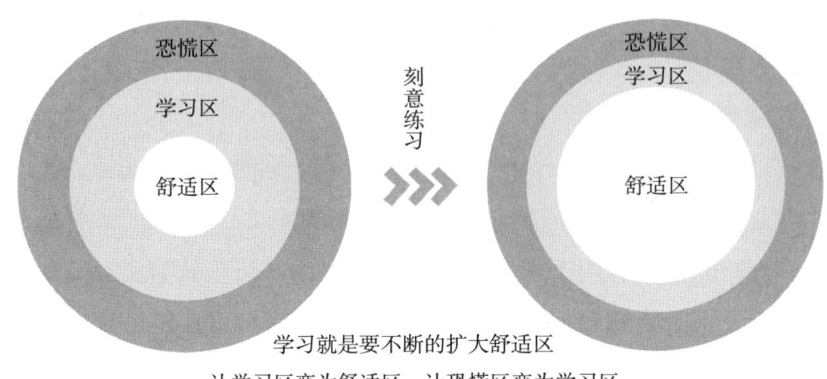

学习就是要不断的扩大舒适区
让学习区变为舒适区，让恐慌区变为学习区

图2 刻意练习的意义

专业人士在基础训练时，练的又是什么呢？比如举重运动员，他们在训练的时候，练什么呢？是每天不停地举举举吗？肯定不是。举重运动员大部分时间练习的内容主要包括核心力量训练、技术训练、体能训练、柔韧性和灵敏度训练等。抓举、高翻、前蹲、后蹲等练习不仅提高了运动员的核心力量，还增强了他们的体能和技能。高手在训练时，训练的都是基本功。基本功不是在某件事情的过程当中做了就能获得的，基本功本身是需要提炼出来专门练的。主要通过积小胜为大胜，最终达到长期目标。比如，当一个学生在练琴时，如果目标仅仅是"每天练习半小时"，看似也很坚持，但是这却是散漫无目的的练习；如果目标是"连续3次，不犯任何错误，以适当的速度流畅弹奏完乐曲"，并且每隔一段时间进行适时调整，不仅更容易取得进步，也更能激发孩子的挑战欲。

必须提供及时的反馈

教师要走进每一个孩子，读懂每一个孩子，对孩子的成长与学习进行个性化的指导。在教学过程中，教师应及时对学生的学习成果进行反馈，帮助学生发现问题，及时调整学习方法和策略。不论想达成什么样的学习目标，都需要通过反馈来帮助孩子辨别他在哪些方面还有不足，以及为什么会存在这些不足。因此，在启蒙阶段，孩子尤其需要一位已经达到一定水平的导师，适时给予精准的指导和反馈。随着时间推移，当练习和指导达到了一定的量，孩子会渐渐学会自我检测，自己发现错误，并做出相应调整。

设计有挑战性的任务

为促进学生的成长，要努力从舒适区走向学习区。在课堂教学中，教师可以设计有挑战性的任务和练习，激发学生的学习兴趣和潜能。例如，数学课上的复杂题目，编程课上的实际项目等。在练习过程中，如果我们仅仅做那些已经感到很容易的事情，不努力去迎接新的挑战，便永远无法进步。因此，真正有效的学习，一定是需要不断逼迫孩子走出舒适区，持续尝试那些刚好超出目前能力范围的学习内容，这注定是一个不断重塑自我的过程。那么，通过以上这些内容的刻意练习，我们的大脑究竟发生了什么变化？事实证明，那些各个领域的高手，最大的变化是建立起了高度专业化的心理结构。这种专业化的心理结构，能够帮助进行高难度的记忆、规律的识别、问题的解决等，以便在特定的专业领域中表现卓越。换句话说，在任何学习领域，"菜鸟"和高手之间的最大差别，在于是否建立起关于这一领域的专业化的心理结构。

鼓励孩子集中精力学习

相信很多老师在教学过程中可以真切地感受到，成绩好的孩子都很专注。虽然他们专注学习的方式方法不同，如有的喜欢自己思考、看书、动手做；有的喜欢和别人一起讨论，在争论碰撞中得到启悟。但不管怎样，他们都能很好地完成学习任务。教师可以通过幽默的语言、团队间的激励、趣味问题的设计、课堂纪律的要求等，引导学生集中注意力，帮助学生在每一小段时间内保持专注。

安排适当的复习课

复习是克服遗忘、巩固记忆的重要手段；复习是加深理解、消化知识的重要途径；复习是为学习新知识打基础的重要措施。心理学家做过这样的实验：让3个小组的同学熟记一篇诗歌，第一组间隔1天复习；第二组间隔3天复习；第三组间隔6天复习。要达到长时记忆的统一程度，第一组学生平均复习4次，第二组学生平均复习6次，第三组学生平均复习7次。因此，只有及时复习，才能提高学习的效率。在教学过程中，教师可以根据学生的学习情况，合理安排复习和练习时间，帮助学生及时巩固所学内容，达到长时记忆的目的。

引导学生进行总结和反思

反思属于自我思考的一部分，人类社会能够不断进步，永远离不开思考。反思让人更加警惕、严谨、聪慧、成熟，不断完善自己。因此，"吾日三省吾身"，引导学生养成反思总结的习惯，有利于学生自评总结能力的发展，有利于学生的自我认识和自我完善。在每天的学习结束后，教师可以组织学生进行总结和反思，回顾一天的学习内容，找出不足之处，提出改进措施。

教师要成为学生成长的导师

最有效的学习方法是让学生接受老师的个人指导，老师能够对他们进行单独评估，并确定下一步要发展和提高的方案，否则学生就会停滞不前。优秀的指导者在孩子成长中非常重要。他们不仅深谙刻意练习的秘诀，能够提供非常宝贵的反馈，而且知道如何针对学习者的个人情况因材施教，进行个性化的调整。例如，优秀的教师不只是关心学生对某道题目的解答，还会观察学生是怎么得出这种解答方法的，以此来了解学生的现有掌握水平，并针对如何更有效地思考和解答提出建议。虽然学习的具体方法上可能各有不同，但大方向通常是共通的：参与式学习一定比单纯的讲授要好，构建知识框架（或者说建立心理表征）一定比死记硬背要好，情境中学习一定比刻板学习要好。

新时代的教师不仅要成为"教"的专家，更要成为"学"的专家；不仅要教会学生如何学习，更要让自己成为一名终身学习者。刻意练习法是一种高效的学习方法,它通过设定明确的目标、激发学习动能,设计挑战性任务,并集中精力进行练习、获取及时反馈和不断改进,帮助学习者逐步提升技能和知识。我们要善于帮助学生学会科学的学习方法,创设课堂的刻意练习,持续给予学生鼓励与支持,坚信每一个学生都能成长成才。

 课堂要重视发挥同伴教育

课堂应是一个洋溢着学习热情的生命成长空间，课堂教学应指向"独立思考、合作能力及创新意识"等核心素养。这些素养都是指向人的，亦应在学生的内心生长与发展。同伴之间心理距离较近，相互影响深远，因为教育活动是主体不断体验、思索和实践的过程。经过教师适切的启发引导，同伴将在自己的课堂中生长出更多的智慧。同伴教育作为一种同伴互学、相互影响的教育方式，在课堂上加以运用，有利于体现学生的主体性，提高学生的课堂参与度，进而提高学科育人的质量。

课堂发挥同伴教育的理论依据

在日常教学中，我们发现，如果学生的同伴群体非常重视学习，那么该学生也会重视学习，因为在该群体中个体会因为表现出重视学习的态度和行为而得到强化或激励；反之，如果学生的同伴群体不重视学习，那么该群体就会缺乏鼓励个人学习所需的强化和激励，学生个人的学习意愿也就无法得到及时的肯定与鼓励。学习动机是激发和维持学生的行动，并使行动导向某一学习目标的心理倾向或内驱力。有了内驱力才能激起学习的热情，才能促进学生可持续地学习。

变化的年龄，变化的关系。孩子的社会化发展可以看成是一个逐渐从父母和家庭环境中独立并通过校园生活适应社会的进程。发展心理学认为，孩子在发展过程中的人际需求有明显的阶段性变化。小学生倾向于与年龄更大的孩子合作，他们的同伴群体通常是本人所在的整个班级。进入小学高年级和初中阶段，班级里的同伴群体让位于同性别的朋友，这些同性好友扮演着

好朋友和知己的角色，这一发展阶段学生的社交活动通常局限于这一小范围的朋友圈。进入高中之后，学生的同伴偏好也发生了变化，两三个学生之间的友谊让位于更大的同伴群体网络。简而言之，同伴或同伴群体的形成及其影响会随学生的年龄和发展阶段而变化。

青春期标志着同伴影响达到顶峰。朋友的要求和意见可以压倒家长或老师的要求和意见，有时甚至可以胜过个人的需要。发展心理学的文献表明，社会关系的相对重要性在学生整个学习生涯都在变化，尤其在青春期早期与父母、教师和同伴关系的转变尤为明显。在由小学升入初中之后，学生常常会报告自己与老师的关系质量明显下降。学生所感知的这种师生关系质量下降往往也伴随着其学习动机和学业成绩的明显下滑。与此形成鲜明对比的是，此发展阶段青少年学生对同伴关系的依赖显著增强。他们对同伴的观点更加敏感，并表现出更多的从众行为。在学习上，随着孩子从小学到初中的过渡，他们的学习动机也会更明显地受到同伴群体的影响。学生对自己能力的判断、对挑战的偏好及对环境的评判标准也会与同龄人趋于一致。而在进入高中阶段之后，随着学生的不断成长，他们的独立意识不断增强，基于潜在积累效应，他们在同伴关系中有更多的自主意识，同伴关系对学习动机的影响也有减弱的趋势。

同伴关系对学生的影响力，也会受到学生原生家庭环境的影响。近十年魅力教育实验研究发现，相比于正常家庭学生，单亲家庭学生感知到的积极同伴关系对学习动机的影响更显著。尤其是积极的同伴关系能够更加有效地帮助来自单亲家庭的学生塑造一个正向的学业自我概念。换句话说，单亲家庭的学生更倾向于依赖同伴的支持与肯定，进而构建他们对学习的信心。因此，学校和教育工作者应特别关注来自单亲家庭的学生，并帮助他们建立支持性、健康的同伴关系和同伴互助行为。

同伴教育，可理解为"兵教兵"。同伴教育就是学生之间互相帮助、讨论交流、互相学习的一种有效的合作学习方式。教育者与被教育者、被教育者与被教育者之间就是合作关系。同学们之间通过合作学习，相互探讨、相互启发、相互激励、相互帮助、相互碰撞，激发潜能、激发斗志、助力成长。

同伴关系影响学习动机。在早期的行为主义动机理论中，人与人之间的关系对学习的影响是通过双方在学习情境下的相互强化（或不强化）形成的，所谓近朱者赤、近墨者黑。从行为主义发展到人本主义，动机理论开始强调个体内部的因素对学习动机的重要影响。马斯洛的需求层次理论把个人对爱和归属感的需要视为产生成就动机的基础，即学生必须先满足自己归属感的需要，才能将注意力转移到满足学业成就的需求上。例如，一个被剥夺关系归属感的学生将不太可能积极地参与课堂学习，因为学习动机是建立在与他人（包括同伴和家庭）良好关系的基础上的，而课堂学习的本质就是和同伴一起学习。同样是基于人本主义思想，自我决定理论认为个体如果要形成内在动机，必须满足3个基本的心理需求，即自主感、胜任感和关联感。对学生而言，归属感的满足依赖于良好的家庭关系、师生关系和同伴关系。

班杜拉的社会学习理论同样强调了学习中涉及的同伴交流和互动。该理论的核心概念——观察性学习（或替代性学习），是指学生基于观察然后模仿同伴的学习。青少年学生认为同伴的情绪、发展变化和能力与他们自己相似，因此比成年人更容易受同伴群体的影响。对学习持有积极态度和行为的同伴会互相指引形成优良的学习目标，并相互支持形成良好的学习习惯。如果学生周围的同伴关系无法传递积极的学习态度和学习行为，那么观察这些模式的学生也就不会优先考虑学习，而是转为设定其他被同伴群体认同的目标。

社会认知视角下的期待价值理论认为学生对学习任务上获得成功的期待和对学习任务价值的认知是决定其学习动机的两个关键因素，而这两个因素都会受到同伴关系的影响。首先，学生对自己周围同伴的观察性学习是他们建立学习自信的重要途径；其次，如果学生周围的同伴都认为学习十分有价值，那么该学生也更可能形成相似的价值观，将努力学习、取得好的学业成就内化为自己的个人价值。总之，各种动机理论都认为同伴群体的价值观和学习态度是影响学生学习动机的重要因素。如果与一些以学业为中心、有明确目标导向的同学形成积极的同伴关系，那么学生则更有可能欣赏并内化这些特征以形成良好的学习动机。

维果茨基提出的社会文化理论认为,人类认知的发展始于参与活动个体间的互动。儿童除了接受成长指导,也与同伴共同完成任务、讨论问题,并在这一过程中提高认知水平。与个体活动相比,合作活动呈现了一定的优越性,有利于加速儿童认识水平的提高。以皮亚杰为代表的认知发展理论学派认为,在适当的任务中,儿童之间的相互作用提高了他们对关键概念的理解和掌握。同伴之间在一定的自然、社会环境中进行交流互动,产生合作学习,激发求知欲。

在课堂教学中,理想的教学应该为学生提供适宜的学习内容,激发其学习积极性并发挥其潜力,推动其获得有效知识或取得突破性进步。每个学生都有自己的特长、知识背景、思维方式等,不同的学生在遇到同样的问题时也会形成不同的观点。在课堂教学中实施同伴教育,有利于促进学生在适当的时候基于同伴的需求或问题,分享知识、共同讨论,形成解决问题的思路,达到共同的学习目标,进而获得能力的提升。这种同伴之间相互合作的学习方式作为传统的传道、授业、解惑等方式的补充,有利于进一步提升课堂教学效果。

为什么不少教师对同伴教育心存疑虑

新课程改革的浪潮在今日的教育领域汹涌澎湃,它旨在更新教学理念、优化教学方法,以适应时代发展的需要,培养出更具创新精神和实践能力的学生,同伴教育在今日课堂的作用日益凸显。然而,在日常教学中,我们不得不正视一个现实:不少教师仍然偏爱传统教学。

新课程改革的目标之一是提升教学效果,但实际效果往往难以立竿见影。当教师投入大量时间和精力进行课堂改革,推进同伴教育后,却发现学生的学业成绩并未显著提升,甚至个别时候还会出现下滑。这种改革课堂与教学效果不成正比的现象,让许多教师对新课程改革产生了质疑和抵触情绪。

他们认为改革是徒劳的，甚至可能浪费时间和资源。这种育人观念的形成，一方面源于教师对教学效果的片面理解，另一方面也反映了当前教育评价体系中存在的问题。因此，我们需要建立更加科学合理的评价体系，全面反映学生的学习过程和综合素质，以激发教师的改革热情和信心。其实，坚持不断地发挥同伴教育的作用，充分激发学生参与合作学习的热情，从素养教学的角度看，从长远培育人才的角度看，一定符合时代发展的需要，一定会促进学生的综合发展，也一定会提升课堂的育人质量。

传统课堂模式经过长期实践，已经形成了相对稳定的教学流程和习惯。对于许多教师而言，这种熟悉感是他们进行教学的重要支撑。然而，在新课程改革的背景下，传统课堂模式显得日益僵化，难以满足学生全面发展的需要。因此，教师需要勇敢地走出舒适区，尝试新的教学方法和策略。但这一过程并不容易，因为改变意味着要放弃已有的经验和习惯，重新学习和适应新的教学方式。对于许多教师而言，这种改变需要付出巨大的精力和时间成本，因此他们往往选择保持现状，不愿轻易改变。

一些教师总是给后进生贴负面标签，认为那些后进生是不可救药的：连老师都奈何不得，学生又怎能"回天有术"？况且，弄不好，那些好学生被学困生"传染"，带到"沟里"去了，不是得不偿失吗？另有一批教师理念陈旧、观念落后，只相信自己的老经验、老做法，不自我反思，不学习新理念，不能与时俱进，不能自我超越，课堂依然停留在教师主宰课堂层面，教师侵占课堂时间，学生成为被动接受的机器，和新时代的教育背道而驰。

"兵教兵"的受益者并非只有后进生。掌握知识、提升能力的最好方法是说出来。学优生通过讲解、分析，对所学知识的理解更加透彻、深刻，分析问题能力、语言表达能力、人际交往能力都得到进一步提升，"兵教兵"是双赢的举措。

课堂发挥同伴教育的育人价值

同伴交流,对于讲解的同学来说,是输出,对于听讲的同学来说,和上课听老师讲是完全不一样的。听老师讲是一对几十,学生可以听,也可以不听。但是几个同伴交流,是一对一、一对二,最多是一对三,学生不容易走神,接下来学生还会反馈、询问、讲解等。输出式学习在教学中的作用巨大,在很大程度上影响教学效果!

同伴教育有利于激发学生的想象力。学校教育的基本形态是在教室进行课堂教学。教学的形式是教师根据相对固定的课程内容,对学生进行连续的学科教学,以完成课程计划和教学任务。这种集体的教学形式,相对固定,便于统一管理,但是容易忽视学生的个体差异性,缺乏针对性与灵活性,难免束缚了学生的个性和想象力。实施同伴教育的课堂是充满物态资源和信息媒介的教育场,教师是组织者、引导者和推动者。教师在课堂上通过资源的呈现,指导同伴之间进行合作,发挥同伴之间的积极作用,提高个体的学习动力和能力,进而激发学生大胆想象,有效促进学生思维发展。

同伴教育有利于发展学生的能力。在传统的集体授课模式下,学生的学习内容往往是相同的,对于某一问题的回答往往给出的是统一的标准答案。这些统一的标准答案,在一定程度上降低了学生的求知欲望,不利于学生独立思考。实施同伴教育的课堂,其目标是动态的,思路是开放的,路径是多样的。课堂不仅是知识的集散地,更是思想和价值观碰撞的发散场。教师不用标准答案束缚学生思考、降低学生学习热情,而是通过同伴互启的方式,引导学生树立正确的世界观和价值观,培养学生的思维能力、创造能力。

同伴教育有利于提升学生的合作能力。实施同伴教育的课堂,注重学生之间的相互交流与合作。对于低学段学生,教师引导其既能够合作交流,又学会独立思考;对于高学段的学生,教师引导其既善于独立思考,又能够合作交流。其中,合作是学习的重要方式,教师要善于引导学生合作学习,为他们"合作—思考"与"思考—合作"创造条件，让所教知识的逻辑顺序与学生的认识能力、认知结构同步。

生生互学，生生互助，朝夕相处，感情自然密切，可化解许多生生间矛盾，密切生生感情，从而形成团结向上的班集体。学优生带动学困生，"兵教兵"，这本身就是学习，符合怎么学就怎么教的原则，能够提升课堂学习效果。充分发挥男生和女生各自思维的优势。三个臭皮匠，顶个诸葛亮，更能发挥学生的主体作用。组长检查作业、背诵等，减轻教师负担，让老师腾出更多的时间和精力去更好地关注学生，关注学生的性格差异、习惯差异，更好地为每个孩子提供适合的教育。

课堂发挥同伴教育的实践路径

课堂是生命成长的地方，亦是一个生态场，置身于其中的学生、教师基于课程内容开展和谐的生命成长活动。生态学意义上的和谐，表现为生命主体之间的互相关爱、互相支持、互惠共存，生命主体与客体环境融为一体，展现共同成长的生态特征。开放自由的课堂环境有利于营造积极奋进的学习氛围，师生之间、同伴之间形成良好的学习气氛。同伴共学互教，在对生存环境、同伴影响和自我认识的理解下，实现了知识迁移。

构建良好的同伴关系。认识到同伴关系对学生学习动机和学习发展的重要性，如何创设教育环境让每一个学生都有机会构建优质的同伴关系就显得尤为重要。对于年纪较小的学生，教师要尽量提供一个全班共同参与的学习环境，鼓励较为羞涩的学生与有较高学习动机的同伴互动，这样可以有效地支持学生学习发展。家长和教师也应该在家里和学校为学生提供机会，通过角色扮演和游戏等方式练习有效的沟通技巧，并向学生示范如何倾听他人、轮流交谈、提出想法、赞扬他人、表达感谢和道歉等。

突出学生主体地位。在教学过程中，教师不能急于为学生设定解题的套路和统一的标准答案，然后进行机械性训练，而应善于创设情境，用足够的

第三辑 课堂的操作系统

时间引发学生自主思考，让学生学会在解决问题的过程中逐步形成自己的思维体系。课堂中的"小先生制"，便是一种"学生教学生"的创新方法，这不仅有利于对"小先生"进行鼓励，也有利于对同伴进行榜样教育。同时，"学生教学生"能够促进学生加深对知识的理解，帮助其发现共同问题，进而形成认知共识。叶圣陶先生提出："教是为了不教。"人类的教育是"自由的教育"，"不教"是学习上的"自由"，是"教"的目的，教师的作用是辅助、启发和引导。学生通过同伴教育掌握了汲取知识的技能，并形成自己的思辨能力，进而产生独到见解，这才是教育的有效样态。

促进合作交流。从学生独立思考到学习共同体的建构，再到活动的开展，同伴在规则下进行合作，推动了学生核心素养的发展。同伴教育是一种结构化、系统化的学习模式，一般由几个能力各异的学生组成一个小组，围绕一个学习目标，以问题为导向，以合作和互助的方式开展讨论式学习活动，共同完成小组的学习任务，在促进每个个体发展的前提下，提高小组成员的整体理解水平，发挥其合作精神。促进合作交流，具体可以分四步走。

第一步，结合学情，合理分组。依据学生能力、性格等差异合理搭配，兼顾每个小组成员思维方式的不同，保证全班各组间的同质性，充分调动组间平等竞争的积极性。

第二步，根据内容，合理分工。根据学习内容合理分工，不同成员承担不同的角色和任务，每个成员、每个角色都不可或缺、不能替代，大家协作达成目标。

第三步，交流互动，有效合作。教师明确每个小组成员的角色与责任，也可轮换角色，在约定的时间与空间内，相互研讨、实验、互相启迪，共同提高。

第四步，真实评价，激励引导。根据对同伴学习的巡视和小组反馈，教师对学习效果进行指导性评价，以过程性评价为主，并与终结性评价相结合，也可组织学生自评或互评。这样，不仅有利于学生完成既定学习任务，还会对其以后的学习产生激励作用。

同伴教育是点燃学习动机的催化剂。每个班主任把班级前10名学生和后10名学生结成对子，每次考试比比谁的进步大，这样一来，不仅徒弟有压力学不好对不起师傅，师傅的压力更大，我教的徒弟如果出不了成绩面子丢大了。师徒互相鼓励，互相帮助，你追我赶，形成良好的学习气氛和浓厚的竞争气氛。

要有效调动"师生"的积极性。把课上的问题延伸到课下，引导徒弟有什么困惑与问题，选择第一时间向师傅请教；激励督促师傅根据徒弟课堂上的表现及时进行补救，让徒弟再次回答上课时不会回答的问题、回答错误的问题等；引导师傅配合老师达成目标，监督徒弟按时、独立完成练习与作业，帮助徒弟改正其中的错误，检查他的掌握情况。徒弟存在问题，师傅绝对不会放过，直至完全达到师傅的要求。

学习知识仅是手段，培养兴趣、发展能力、提升素养才是目的。夸美纽斯认为："兴趣是创造一个欢乐和光明的教学环境的主要途径之一。"教师要让学生主导课堂，启迪学生发散思维，引导学生找到自己的思路，调动学生积极获取知识的热情，发挥其自身潜能，激发其强烈的求知欲，这便是素质教育的目标。教师要在学生遇到学习的困惑时，为其树立同伴榜样，使其获得同伴支持，努力引导学生互学互助，发挥团队的力量，促进每一个孩子健康、快乐地成长。

课堂要实现有效的学习迁移

学习迁移指一种学习对另一种学习的影响，即在一种情境下，知识、态度、技能的获得对另一种情境中知识、态度、技能的获得的影响。学习就是原有经验的迁移，学习能力强的孩子，实则就是他的迁移能力强。在高阶思维的5个维度中，迁移思维是学生将知识运用于新情境的关键。应用迁移不仅是中高考命题所考查的关键能力之一，更是学生思维提升与素养发展的关键一环。

高阶思维的5个维度

高阶思维是指发生在较高认知水平层次上的心智活动或认知能力，表现为分析、综合、评价和创造等高级认知过程。它超越了表面的观察和分析，能够深入思考、综合分析和创新解决问题，帮助个体和组织更好地应对复杂问题和变革。高阶思维可从以下5个维度去理解。

相关性—时代性

强调事物之间的关联和与当前时代背景的契合。能够理解和把握不同信息、概念、事件等之间的相互关系，以及它们在特定时代环境下的意义和价值。例如，在研究历史事件时，不仅要了解事件本身，还要考虑其与当时社会、政治、经济等方面的相关性。

丰富性—复杂性

涉及对事物多方面、深层次的理解和认识。能从不同角度、不同层面去分析和思考问题，认识到问题的复杂性和多样性。比如在看待一个社会现象时，要考虑到各种因素的综合影响，而不是简单地从单一角度去评判。

关联性—联系性

注重事物内部及事物之间的各种联系。可以将看似不相关的内容建立联系，形成一个有机的整体，以便更全面、深入地理解和解决问题。例如，在学习不同学科知识时，找到它们之间的内在关联，促进知识的融会贯通。

严谨性—挑战性

体现思维的严谨性和对具有挑战性任务的专注与应对能力。在面对复杂问题或困难情境时，能够保持专注、深入思考，运用逻辑推理等方法进行严谨的分析和论证，不轻易被表面现象或简单答案迷惑，勇于挑战难题。

迁移性—概念性

指的是将所学知识、技能和思维方式迁移应用到新的情境中，以及对概念的深入理解和灵活运用。能够从具体的事例中抽象出概念和原理，并运用这些概念和原理去解决不同类型的问题，实现知识和思维的递归提升。比如，学生在学习数学公式后，能将其应用到各种实际问题的解决中。

思维迁移是一项宝贵的能力，它帮助我们更好地利用现有资源解决新问题，并在不断变化的环境中保持竞争力。通过培养和实践思维迁移能力，个人可以实现自我超越，解锁人生的无限可能。

何谓学习迁移

迁移，本意指离开原址搬到别的地方去。现在的迁移已变成一个心理学名词，在心理学中，它指的是一种学习对另一种学习的影响，指在一种情境中获得的技能、知识或态度对另一种情境中技能、知识的获得或态度的形成的影响。迁移在心理学上也称学习迁移、训练迁移等，是指一种学习对另一种学习的影响。迁移不仅存在于某种经验内部，而且也存在于不同的经验之间。比如，数学学习中审题技能的掌握可能会促进物理、化学等其他学科审题技能的应用;语言学习中丰富词汇知识的掌握将促进阅读技能的提高,而阅读技能的提高又可以促进更多词汇知识的获得。知识与技能之间可以相互迁移。

迁移的种类

正迁移与负迁移

根据迁移性质的不同进行的划分。

正迁移:是指一种学习对另一种学习产生积极的促进作用,如阅读技能的掌握有助于写作技能的形成。学会骑自行车,骑摩托车就很容易。

负迁移:是指两种学习之间相互干扰、阻碍的现象。如地方方言对学习普通话具有消极影响。比如学会了打羽毛球再学打网球就是一种干扰,打羽毛球要压手腕,打网球不压手腕。

顺向迁移与逆向迁移

根据迁移方向的不同进行的划分。

顺向迁移:先前学习对后继学习的影响。

逆向迁移:后继学习对先前学习的影响。

无论是顺向迁移还是逆向迁移,其产生的影响都有正有负。

横向迁移和纵向迁移

根据原有知识在新情境中应用的难度和结果进行的划分。

横向迁移:是指处于同一概括水平的经验之间的相互影响。是已经习得的概念和原理在新的、不需要产生新概念或新原理的情境中的运用,一般不涉及解决新问题。

纵向迁移:是指处于不同概括水平的经验之间的相互影响。是已经掌握的概念和原理在新的、需要产生新概念或新原理的情境中的运用,一般需要解决新问题并得出新规则即"高级规则"。纵向迁移表现在两个方面:一是自下而上的迁移，即下位较低层次的经验影响着上位较高层次的经验的学习；二是自上而下的迁移，即上位较高层次的经验影响着下位较低层次的经验的学习。

一般迁移与特殊迁移

根据迁移范围的大小划分。

一般迁移：也称普遍迁移、非特殊迁移，是将一种学习中习得的一般原理、方法、策略和态度等迁移到另一种学习中去，其迁移范围大。

特殊迁移：是把从一种学习中习得的具体的、特殊的经验直接迁移到另一种学习中去，其迁移范围小。

同化性迁移、顺应性迁移与重组性迁移

迁移过程中学习者对原有知识、技能的应用、调整和重新组合的方式。

同化性迁移：在学习的过程中，如果学习者的原有认知结构没有发生改变，直接将原有的认知经验应用到本质特征相同的一类事物中去，这种迁移叫作同化性迁移。

顺应性迁移：在学习的过程中，学习者需调整原有的经验或对新旧经验加以概括，形成一种能包容新旧经验的更高一级的认知结构，才能适应外界的变化，这类迁移叫作顺应性迁移。

重组性迁移：在学习的过程中，学习者需要重新组合原有认知系统中的某些构成要素或成分，调整各成分间的关系或建立新的联系，从而应用于新情境，这类迁移叫作重组性迁移。

为什么题目稍微发生点变化，学生就不会了呢？为什么这种题讲过几次了，再遇到还是不会呢？背后的原因就是学生的知识和能力没有形成学习迁移，做不到举一反三、融会贯通，这是没有真正学会的外在特征。

学习迁移的作用

学习迁移在学习和教育过程中具有重要意义,它有助于提高学习效率,促进知识的整合和应用。教师要善于通过创造良好的学习环境,引导学生进行有效的学习迁移,从而提高他们的学习能力和综合素质。

有效提高解决实际问题的能力

在学校情境中,大部分问题解决是通过迁移来实现的,要将课堂所学的知识技能用于解决课外的现实问题,同样也依赖于迁移。要培养解决问题的能力,就必须从迁移能力的培养入手,强化迁移能力的培养,实现高质有效的学习迁移。

将习得的知识、技能与行为规范向能力与品德转化的关键环节

只有通过广泛的迁移,原有经验才能得以改造,才能概括化、系统化,原有经验的结构才能更为完善、充实,从而建立能稳定地调节个体活动的心理结构,即能力与品德的心理结构。有效的学习迁移是习得的知识、技能与行为规范向能力与品德转化的重要环节。

迁移规律对于学习者具有重要的指导作用

应用有效的迁移规律,学习者可以在有限的时间内学得更快、更好,并在适当的情境中主动、准确地应用原有经验,防止原有经验的惰性化。教师要善于应用迁移规律进行教学的系统设计,在课程设置、教学方法的确定、学习方法的引导、教学活动的安排、教学成效的考核等方面利用迁移规律,可以加快教学的进程,提升学习的质量。

影响迁移的教学行为

机械的记忆,形式的训练。学习材料本身缺乏意义联系,学习者不理解其间的内在联系,单靠反复背诵达到记忆,费时多,效率低,遗忘快,妨碍

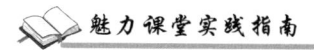

学习迁移。

评价、反馈不及时、不科学。没有理论化分析、交流不诚恳、激励不够、重点不清晰……无法形成良好互动，无法及时发现问题、解决问题。

教学情境过于单一。单一的情境中传授的知识不能形成知识的结构化，不能很好地链接。只有让学生解决具体的案例，走进生活的情境中解决问题，才能达到举一反三和独立解决问题的目的。

促成学习迁移的有效教学策略

核心素养的本质是具有解决真实复杂问题的实践创新能力，实践创新的标志是迁移能力，影响迁移能力的关键能力包括识别能力、抽象能力和关联能力。这3种能力相互作用，共同为学习者在不同情境中成功迁移知识、技能和经验提供了支持。

识别能力

识别能力是指学习者能够识别出在不同情境下可迁移的元素或特征。这包括辨认问题的共同点、相似之处及与先前学习的知识和经验相关的方面。通过识别，学习者能够在新情境中识别出哪些知识点或技能是可以应用的，从而更好地解决问题或面对新的挑战。

抽象能力

抽象能力是指学习者能够提取出知识和技能中的本质或基本原理，并将其应用于不同情境的能力。抽象能力使学习者能够超越具体的例子，理解问题背后的普遍规律，从而更广泛地应用他们所学的内容。通过抽象，学习者能够将知识从一个特定情境迁移到另一个情境，实现高水平的迁移。

关联能力

关联能力是指学习者能够将不同领域或情境中的知识点进行联系，建立彼此之间的关联。这种关联不仅包括不同学科之间的关系，还包括在同一学科中不同主题之间的联系。通过建立关联，学习者能够更好地理解知识的整体结构，从而更容易在新情境中运用他们所学的内容。

这3种能力并非独立存在，而是相互关联、相互支持的。在识别的过程中，学习者可能需要通过抽象来理解问题的本质，同时通过关联将不同领域的知识点联系在一起。在实际的学习和问题解决过程中，这些能力通常是同时发挥作用的。

这些能力对迁移能力的形成至关重要。迁移能力不仅仅是将某一领域的知识迁移到另一领域，更是将学到的东西应用于现实生活的能力。具备了识别、抽象和关联的能力，学习者更容易适应新的环境，更好地解决问题，具备更强的创新和应变能力。

促进迁移能力的教学策略

深化对知识的理解

避免死记硬背，理解知识的内涵、原理和相互关系。比如学习数学公式时，要明白其推导过程和适用条件，而不是单纯记住公式本身。这样，在遇到新问题时，才能灵活运用知识。

构建知识体系

将所学知识整理归纳，形成清晰、概括、有层次且具有包容性的知识结构。例如，学完历史的各个朝代后，可以引导学生梳理出每个朝代的政治、经济、文化等方面的特点及发展脉络，建立系统的历史知识框架，便于知识的迁移。

开展研究性学习

使用案例研究的方式，让学生通过识别案例的关键要素、抽象案例中的通用原则，并将这些原则与其他领域联系起来，培养迁移能力。

培养思维能力

培养思维能力的意义在于提高学习效率、增强解决问题的能力、增强自信心、培养独立性和提高抗挫折能力。

培育发散思维：鼓励从不同角度、不同方向思考问题，寻求多种解决方案。如针对一个作文题目，构思多种立意和写作思路；做数学题时，尝试用多种方法解题。

强化逻辑思维：提升分析、推理、归纳、演绎等能力。日常可以通过阅读逻辑推理类书籍、玩逻辑思维游戏（如数独）等方式进行训练，有助于在面对新情境时能更有条理地分析和解决问题。

注重批判性思维：对所学知识和遇到的问题持质疑态度，分析其合理性与局限性。例如，对于一些科学理论，思考其在不同条件下是否仍然适用，以及可能存在的改进空间，从而更好地实现知识迁移和创新。

增加实践经验

引入真实世界的问题，鼓励学生通过识别问题的共同点、抽象问题的本质及关联不同领域的知识来解决问题。积极参与实践活动，包括实验、实习、项目、社团活动等。通过实践，将理论知识与实际情境相结合，加深对知识的理解和掌握，同时积累解决实际问题的经验。比如在化学实验中，能更直观地理解化学反应的原理和现象，提高知识迁移能力。

解决多样化问题

主动寻求不同类型、不同难度的问题进行挑战。可以做一些综合性的练习题、参加竞赛或实际工作中的项目等，接触各种复杂情境，锻炼运用知识解决问题的能力，促进迁移能力的提升。

学会总结反思

每次学习或解决问题后，回顾过程，总结其中的规律、方法和技巧。例如，学习完一篇英语阅读理解后，总结文章的类型、常见的提问方式及对应的解题策略，以便在遇到类似文章时能快速迁移运用。分析自己在学习和实践中出现的错误和不足之处，思考原因并加以改进。如数学考试中粗心导致的错误，要反思如何避免类似情况再次发生，从而提高解题的准确性和稳定性。

拓展学习视野

阅读不同类型的书籍、学习不同学科的知识，了解各个领域的基本概念和思维方式。例如，学习文学可以培养想象力和表达能力，对解决其他领域的问题可能会有启发；了解一些计算机科学知识，有助于在其他领域运用数字化思维解决问题。

关注跨学科知识

寻找不同学科之间的联系和交叉点，将多学科知识融合运用。比如，生物学中的生态系统理论与经济学中的可持续发展理念有相通之处，通过跨学科学习，能拓宽思维视野，提高知识迁移的广度和深度。

提升迁移思维的教学应用

如果要鼓励学生发展迁移的思维，教师就必须努力思考，把迁移的思维过程分解为小步骤，如此才能让更多的学生理解迁移的思维过程。

第一步：在理解信息中分析

分析思维技能帮助人们分解审视有关内容，或从中建构概念、梳理主题。在分析思维中，最基本的技能是把材料拆分开来，审视各个组成部分。如果没有这个基本技能，学生就无法看出什么元素可以迁移应用，以及它们在将来有什么用处，也就无法发展迁移的思维。

以下一些问题有助于学生分析技能的发展。

这个概念包括哪些主要元素？

在这个历史事件中，出现了哪些一以贯之的主题？

这场战争的转折点在什么时刻？

发生这种情况的5个基本原因是什么？

你以前在哪里遇到过这个概念或主题？

第二步：在概括洞察中类比

类比思维技能是指把新概念、新主题或新想法与熟悉的事物建立联系的能力。此外，类比技能也是分析技能的延伸，一个人越擅长分析，就越能做出体现深刻思想的类比。类比就好像一座桥，有利于学生把眼前的概念迁移运用到自己的未来生活中。

当教师指导学生运用类比思维技能时，不应只看学生做出了什么类比，还要关注学生所做类比背后的思维过程。

以下一些问题有助于促进学生发展类比思维技能。

它让你想起了什么别的东西？这和我们上周学过的内容有什么相似之处？

甲事物为什么像乙事物？你是怎么想到这一点的？

你以前什么时候有过这种感觉？

如果你需要向低年级学生解释这个概念，你可以怎样类比以帮助他们理解？

第三步：在发现应用中迁移

迁移思维技能，是迁移思维维度的终极阶段。这种迁移能够帮助学生把在科学课堂中获取的知识和流程运用到其他课堂中。当学生在学校学习了如何完成某个任务，然后在家里迁移应用，或与同伴一起运用时，学生的迁移技能便能得到锻炼。

学生掌握迁移技能后，便能够回忆起多年前学过的东西，并把它运用在当下生活的新情境中。在乍看关联微弱的不同情境中发现可应用的元素，正是迁移思维的意义所在。它需要大脑在面对纷繁的事物时自由想象，以建立事物间的关联。学生越是能够娴熟地进行迁移，就越能从学习或具体事务中得到收获。以下一些问题和提示语能够促进学生迁移思维技能的发展。

如果你被困荒岛，那么我们今天学到的东西可能对你走出困境有什么帮助？

今天的课可能会给20年后的你带来什么益处？

假如数百年后太空旅行成为现实，那么我们的学科可能会对那时的太空旅客有什么帮助？

请你描述一下今天课堂所学的内容可以怎样运用到家庭生活中。

能够让学生深入理解知识的本质，还能发现不同知识领域之间的内在联系是迁移思维的基础。而想要进一步推动迁移思维的发展，教师则需要鼓励学生跳出传统学科的框架，从全新的角度审视问题。

找到知识的关联性——学科内的迁移

某小学语文杜老师执教的《我是一只小虫子》一课，清晰地体现出了对学生迁移能力的培养，具体体现为3个亮点。

亮点一：举一反三，从仿到创

语文课程是一门学习国家通用语言文字运用的综合性、实践性课程。语文教师必须明确自己的职责：知晓语言文字运用的规律，在每一节课上让学生得到语言运用的训练。儿童语言能力的发展是在模仿中进行的，模仿基于并反映儿童理解他人的能力，随着儿童认知水平的发展，模仿也从简单的行为模仿过渡到理解行为背后的意图。杜老师想让学生模仿"如果能小心地跳到狗的身上，我们就可以到很远的地方去旅行"这句话来表达。为了让学生能做到举一反三，她首先采用一系列方法引导学生理解课文内容、理解小虫子的形象特点。其具体步骤包括：让学生用词语概括小蟋蟀早上会做哪些事情，朗读指导之后谈阅读体会。以上步骤完成后，再进行语言模仿训练。她布置任务："小蟋蟀们，早上的你还会碰到谁，做哪些事情呢？发挥想象说一说吧！希望你也能说得生动有趣。"在老师的引导下，学生尝试模仿文段中的句子，说得生动有趣："如果我遇到七星瓢虫姐姐，跟她学习躲避天敌的本领，这样就再也不怕小鸟了。""如果我遇到蝴蝶，就可以坐上飞机，在天上飞啦。"很明显，学生的语言表达模仿了"如果能小心地跳到狗的身上，我们就可以到很远的地方去旅行"，同时也结合了他们自己对生活的体验。显然，这样的设计达到了举一反三的效果，属于创造性迁移。

亮点二：由读到写，注重内化

在这节课中，杜老师不仅重视阅读理解和口语训练，也非常重视由读到写的训练。从时间安排看，教学过程由3个环节组成，"复习旧知"和"品读感悟"这两个环节用了25分钟，"体悟方法，修改写话"用了15分钟，前两个环节为第三个环节修改"小作文"进行铺垫。之所以有这样的设计，是因为在教学目标中，杜老师已经有了设定：（学生）能够运用时间词，按照一定的逻辑顺序，展开合理想象，修改小作文，完成由读到写的迁移。

为什么会有这样的目标设定？首先基于对语文课程学习重点的理解。语言文字的运用主要体现为读写技能的习得。读是写的基础，写既是对读的质量的检测，也是对读的拓展与延伸。其次基于对学习迁移理论在语文教学中应用的理解。学习迁移理论认为，迁移的前提条件是两个事物之间能产生相似的认知结构。因为阅读和写作的共同载体都是语言符号，在认知层面能形成较为相似的结构，这为迁移提供了可能性。

但是，读写之间并不必然形成迁移，因为认知结构的形成需要学习者具备一定的加工能力，不同的学习经验和思维水平会影响认知结构加工的形态和水平，因而在进行读写迁移之前要先了解学生的学习基础，也就是原有的认知结构。为此，杜老师在上课之前先让学生进行了预习写作，通过预习写作发现学生写作存在的典型问题是没有有意识地运用时间词，想象不合理，没有按照一定的逻辑顺序展开，还有相当一部分学生的描写不够生动，纯粹记事，缺少形象。为此，杜老师把教学难点定为"能够运用时间词，按照一定的逻辑顺序，展开合理想象，改写小作文，完成由读到写的迁移"。这个难点也是学习迁移的卡点。

为突破卡点，杜老师进行了有层次的引导：一是让学生总结前两个环节学到的语言运用方面的收获。如看图写话的时候要运用时间词和对话，要有合理的想象和生动的表达。二是将这些收获作为评价的维度，让学生点评一篇预习写作作品。三是教师带着学生一起对这篇预习写作作品进行修改。四是让学生当堂修改自己的预习写作作品，然后同桌之间依据标准进行评价或修改。五是请两位学生分享修改成果。六是请两位学生谈习作修改过程中的收获。从引导的过程可以看出，学生认知结构的建构经历了从事实性知识获得（小结收获，了解评价的维度）到策略性知识习得（教师示范修改）与内化（学生自主修改），再到元认知知识的生成（学生反思调整）与内化（谈收获）。

亮点三：具身学习，体验情感

具身学习是一种强调身体过程与心智过程同时存在且密切关联的学习方式。其核心要义是认知过程深深植根于身体与它周边物理环境的交互之中。来自功能性磁共振成像（fMRI）的研究也证明了这一点：当参与者听到与各种身体动作相关的词汇（如舔、捡、踢）时，大脑的激活区域与执行这些动作时的激活区域是相关联的。

本节课中，杜老师设计了4次具身学习活动。第一次在初读第四段的时候让学生边做"伸懒腰""把脸洗干净""把细长的触须擦得亮亮的"等动作边读小蟋蟀早晨的生活，引导学生了解小蟋蟀早上醒来后的生活习性。第二次在学生谈完对小虫子的形象感受并进行句子仿说（"如果能小心地跳到狗的身上，我们就可以到很远的地方去旅行。这可是免费的特快列车呀！"）后配乐让学生再次边做动作边读这一段，所有学生都表现得非常积极，说明他们充分体会到了小蟋蟀动作中蕴含的轻松愉快的心情。第三次在学习5～6自然段时请两组学生分别扮演小蟋蟀、屎壳郎、螳螂、天牛，体会小蟋蟀和其他小虫子交往时的紧张刺激感。第四次在学习完整篇课文后学生边做动作边唱《虫儿飞》，在舒缓的音乐中整体回顾小蟋蟀的生活与形象。

通过具身学习将大脑的激活区域与执行这些动作时的激活区域相关联，学生充分体会了小虫子"开朗乐观"的特点，尤其是当学生沉浸在《虫儿飞》舒缓优美的旋律中边唱边做动作的时候，也激发了听课教师内心的节奏感，让人充分感受到这是一个特别温暖的传递爱的课堂。如果到这里，课堂就戛然而止，看似恰到好处，但作为一节基于迁移视角的研究课，上课教师的目的是把情绪的渲染、价值观的潜移默化习得传递到习作里对小动物形象和关系的塑造，从学生的习作分享中可以看出，他们内化了小虫子乐观、友爱的情感体验。

课例亮点分析

从教学研究的角度看，杜老师的课之所以能呈现出以上3个亮点，有3个原因。

一是基于一定的研究视角开展课例研究。研究一节课有很多视角，如基于教师教学、基于学生学习、基于学科性质、基于课堂文化等。聚焦某一个视角，有利于按照发现问题、分析问题、解决问题的逻辑开展深度研究。这节课的研究逻辑是通过预习写作找到学生的读写迁移卡点，分析迁移卡点突破的路径，然后再设计并实施教学。最开始的设计还包括识字写字、1～2段的学习，后来基于学生的迁移卡点突破，将识字写字和1～2段的学习前置到上一课时，保证本节课凸显读写迁移，集中发力突破学生的迁移卡点。

二是基于教师合作开展课例研究。杜老师作为一名只有两年教龄的教师，能上出亮点鲜明的研究课，是因为在她之前同事李老师先讲了这篇课文，通过实录分析发现教学设计实施存在对于学生的迁移卡点找得不够准确、问题解决效果有待改进的问题，就此问题研讨时另一位研究者提出了新的设计思路：其一重点学习3～7段，强化读写迁移；其二强化语言训练，在口语表达的时候引导学生创造性模仿。杜老师基于研讨内容进行课堂设计实施，也说明了以问题解决和对话为基石的合作研讨更容易被教师接纳，教学改进效果显著。

三是基于持续反思开展课例研究。课例研究的必做动作一般是随课研讨，重新设计与实施往往被省略。《我是一只小虫子》课例研究经历了"设计—研讨—实施—再研讨—再设计—再实施—反思"的历程。从第一次上课前的基于单元教学的单篇教学设计3稿打磨到李老师的课例呈现，再到问题分析，从杜老师的教学设计中重新确定迁移卡点和突破策略，到对这节课的亮点分析，无不贯穿着对实践的学理思考与基于学理思考的实施调整。这个过程其实也是参与研究的各位教师认知结构的建构过程，相信随着合作研究者对迁移理论的深入理解，迁移应用能力也会不断提升。

总之，这是一节基于迁移视角的充满亮点和研究的课例，在研究过程中，既有学生的思维成长，也有合作研究者的进步。

跨学科提问——不同学科的迁移

跨学科要以现实问题的研究和解决为依托；跨学科要以学科为依托，但要超出单学科研究的视野，关注复杂问题或课题的全面认识与解决；跨学科要有明确的、整合的研究方法与思维模式；跨学科还旨在推动新认知、新产品的出现，鼓励在跨学科基础上完成创新与创造。

跨学科提问旨在让学生与课程之间建立联系，将他们所学的知识与其他科目联系起来。这样的活动能很好地帮助学生思考学科之间的关联，也能打破课程表造成的一些障碍。如果反复使用，它能帮助学生用更宽广的眼光看待学习的不同科目。

在操作过程中，很多人把多学科与跨学科混为一谈。多学科通常指两门及以上学科的见解并置于一起。比如，针对"水"的主题课程，语文教师介绍与水有关的诗词、文化，物理教师介绍水的三态变化，生物教师介绍水对于生物体的巨大作用，地理教师介绍水在地球中的重要作用……但是课程到此为止，不进行整合，学科间是相邻关系。

多学科课程好比一盘水果沙拉，不同种类的水果只是被沙拉酱混合在一起而已。而跨学科要求有真正意义上的整合，并且选题更加具体。不可能仅仅把两门学科粘在一起创造一个新产品，而是思想和方法的整合、综合，那才是真正的跨学科。真正的跨学科主题学习需要从现实情境中提炼出更多的跨学科课程研究视角，进而整合生成全新的课程。

比如，围绕水这个主题，可以研究水的物理、化学性质与生产、生活的关系；水与生命（动物、植物、微生物）的关系；水与地球各个系统（大气、生态、地质、气候、土壤、热力）的关系；水资源研究（淡水、污水处理、灌溉、净化、污染、再利用）；水资源管理（水坝、节水、发电、引水、现代农业、雨水收集）；水与社会、经济（价值观、城市、运动、信仰、治水、航行、运输、运河、起源、一带一路、国家边界、迁徙、战争）的相互作用等。

搞清楚什么是跨学科后，"如何设计一个好的跨学科课程"这个问题就摆在了我们面前。根据跨学科概念的几大要素，我认为要重点关注以下3个方面的内容。

选题上要注重现实情境下真实问题的研究与解决

真实合理的情境是学习的重要一环，在情境中解决真实的问题，可以帮助学生明晰学习目的，进而提高学习兴趣。在跨学科课程设计实践中，很多教师都觉得现实情境中的真实问题难以寻找。在这里给出几种常见角度供选择。

一是有效利用国家课程标准或重要知识点。课标呈现的是各个学科下重要的能力范畴，会涉及项目实施操作中的相关知识、技能、方法、策略的目标要求。比如开展语文与其他学科结合的跨学科写作课程，写各种主题、话题的研究报告或者小论文。

二是利用网络搜索。目前，许多网站有针对各个年级、各个学科开展得十分成熟的项目介绍，可以借此激发灵感，形成自己的跨学科研究选题。比如，研究水果电池、太阳能应用、3D打印、传感器与物联网等。

三是联系人们的日常工作。跨学科学习的核心目标是以解决日常生活中最实际的问题为出发点，所以要把关注点聚焦到校园外的社会环境下，寻找人们在各行各业工作时遇到的实际问题并给予解决办法。比如，桥梁的设计与搭建、能源的生产与使用等问题。

四是结合当地或国家大事。跨学科的项目学习，要培养学生关注国家大事、城市大事、身边大事的意识。比如，如何更好地向北京市民宣传南水北调工程进而促进市民的节水行为？如何实现校园内的垃圾分类与回收？

五是结合服务于社区的理念，调研一些非营利机构、公司、政府、高校，从他们现阶段的需求中寻找跨学科项目灵感。比如，从身边人的健康问题想到如何寻找并引导健康的生活方式。

六是充分调动其他可利用的资源。比如，有雾霾了，我爸爸今天开车走西直门桥又绕晕了，我们学校有一半的同学戴眼镜，科学家发现了引力波等。这些真实的事件都可以提炼出非常好的研究主题，作为课程选题。

教师可以尝试选择一些容易和学习重点相关联的学科。通过充分的创造性思考，几乎什么事情都是可以相关联的。然而，从活动的参与性和积极性考虑，最好提高学生回答的准确率。这并不意味着教师应该提供最简单的答案，而是意味着要避免学生很难想到的联系，还要鼓励学生分析在课堂上所做的事情。向学生说明，分析意味着将一个项目拆解成不同的部分。这样可以让学生有更多头绪，找到联系。

内容上要注重学科核心概念及学科间的大概念

学科基础不扎实，跨学科也就无从谈起。学科之所以自成体系是因为其具备完整的知识架构和研究方法，这是实现跨学科的基础。因此，即便是跨学科课程，其涉及的学科核心概念与研究方法也必须是严谨的、经得起推敲的。

对于跨学科课程而言，除学科内容精准、选题真实外，还要利用学科间的大概念来支撑。大概念一词伴随STEM（4个学科的组合，分别是：S，科学；T，技术；E，工程；M，数学）教育的兴起而进入公众视野，是指能够用于解释和预测较大范围自然界现象的概念。温·哈伦在《科学教育的原则和大概念》一书中就明确提出了科学教育的14个大概念，如"科学的应用经常会对伦理、社会、经济和政治产生影响"就是一个大概念，与此相对应，我们很容易在美国的初高中学校发现学生在研究"寻找替代能源""医学发展和立法及社会伦理的关系"等课题。

设计上要注重学生高阶思维能力的培养

所谓高阶思维，是指发生在较高认知水平层次上的心智活动或认知能力，它在教学目标分类中表现为分析、综合、评价和创造。布鲁姆的教育目标分类理论（1956年）及其修订版（2001年）对高阶思维有详细的阐述，很多教师对此并不陌生，但是难点在于理论如何应用于实践。

从一个典型案例看跨学科课程的设计与教学：《我是勤劳的劳动者》（本课取材于洛杉矶联合学区，由4位教师Marisela Padilla、Ellen Ochoa、Claudia Morales、Jaime Escalante共同设计）是小学高年级的视觉艺术语文课，即语文与美术整合课程，需要3课时180分钟完成。其教学目标为：①学生要学会分析让·弗朗索瓦·米勒的名画《扶锄的男子》；②学生学习画家怎样用线条与空间强调主题；③学生将就怎样理解油画、如何使用视觉证据证明自己的观点等问题展开讨论；④学生对画中人物进行情感揣测，并写一首小诗表达自己的观点；⑤学生通过为一位辛苦工作的家庭成员作画，来证明自己已经理解如何使用线条及空间强调主题。

在这份教学目标中，我们可以看到有历史、美术、创作、讨论、诗的写作、德育等要素。很多老师都好奇，这些内容是怎么有机整合到一起的呢？

在本课中，学生要了解艺术史方面的内容，不但要学会从作品当时的社会、宗教、物质、事件等多个角度对名作《扶锄的男子》进行分析，还要了解艺术家的生平与作品特点；学生要学习审美，练习美术方面的基本功，通过观察画家对于空间和线条的把握来学习怎样用线条与空间强调主题。学生还需要猜测画中人物的内心与情感，但这种猜测要建立在丰富细节的基础上，包括成画的年代、画作的主题、画作中的矛盾与冲突、画作中的远近虚实对比等，学生要用细节作为论据证明自己对于画中人的情感揣测并与他人分享、讨论乃至辩论，这就是分析、评价与综合，展示了对学生高阶思维能力的培养；在充分了解的基础上，学生要写一首小诗描写画中人物；最后，通过要求学生为一位辛苦工作的家庭成员作画，又巧妙地将创作与德育进行了融合。

这门课程非常经典，它告诉我们，通过教师的有效合作，传统的课程也可以改良成跨学科课程。

提升学习迁移能力有助于激发学生的学习兴趣和好奇心；有助于学生发展良好的思维能力；有助于学生更好地适应未来的社会。提升学习迁移能力是教育过程中不可或缺的重要组成部分，期待教育同仁一起去探索。

第四辑　课堂的控制系统

在课堂控制系统中，克服一个定式：把阅读权、自学权、思考权、实践权等还给学生，做一个智慧的"懒"教师；夯实一个基础：建立课堂规则；掌握一个技能：进行即时反馈；锻炼一项技能：掌握评价的艺术；发挥一种魔力：提升课堂追问技能；学会一个诀窍：利用错误资源，对学生多一些耐心，允许他们多想一想、多听一听，给予他们改正和补充的机会。

做一个智慧的"懒"教师

新时代教育的重要使命是促进学生实现最好的成长。学生最好的成长是全面而均衡的，不仅要在学术方面取得成就，还要在情感、道德、自我认知、创新及身心健康等方面取得发展。这样的成长能够为学生未来的学习和生活奠定坚实的基础，使他们未来成为有知识、有能力、有情感、有责任感、有创新精神的人才。学生只有亲身体验过，才能获得最深刻的印象！做一个智慧的"懒"教师，就要用科学的教学方法和策略，减少不必要的重复劳动，从而达到更高质量的教育效果。做一个智慧的"懒"教师，就要把阅读权、自学权、思考权、实践权、交流权、合作权、探索权还给学生，减少不必要的干预，提高学生的参与度，激发学生的内动力，激励学生主动探索，让学生真正成为成长的主人。

满堂灌是非常低效的教学方式

满堂灌的教学方式使学生只能顺着教师的思路学习，缺乏主动思考和知识内化的机会，这不仅限制了他们的自由思想空间，还伤害了学生的主动学习能力。满堂灌是一种单向的知识传递方式，教师占据主导地位，学生被动接受知识，缺乏师生之间的对话和交流，会导致课堂氛围沉闷，学生的学习积极性难以调动，而缺乏师生互动就不可能有好的教学质量。满堂灌的教学方式忽视了不同年龄、不同程度、不同动机、不同热情、不同毅力的学生知识接受能力的差异，会导致教学效果不佳。满堂灌的教学方式不符合科学学习的规律，不利于学生的思维发展。教师以满堂灌的方式教学，是缺乏对人的认知过程和社会化过程的深入理解，没有认识到"通过参与的神经元间的适应连接而发生的学习"的本质。因此，满堂灌非常低效，必须下定决心改变这种教学方式。

从学习金字塔（图3）理念图来看，讲授的效果是最差的，因此，教师要从"教"走向"学"。教师心头应该刻上4个"不等式"：老师讲了≠学生听了；学生听了≠学生懂了；学生懂了≠学生会了；学生会了≠学生会学了。教师的讲必须精准、科学，讲纵横连接点、思维突破点、易混点、易错点、易漏点；而对于讲了学生也不会的，不讲学生就能自己学会的，学生自己能讲明白的，能用学生的动手实践代替教师口头讲的，能采用小组合作学习解决的问题，教师应统统不讲，这样减少教师的讲，为的是增加学生的学。课堂属于学生，学习是课堂的核心，应努力让学生成为课堂的主人，学习的主人，成长的主人。

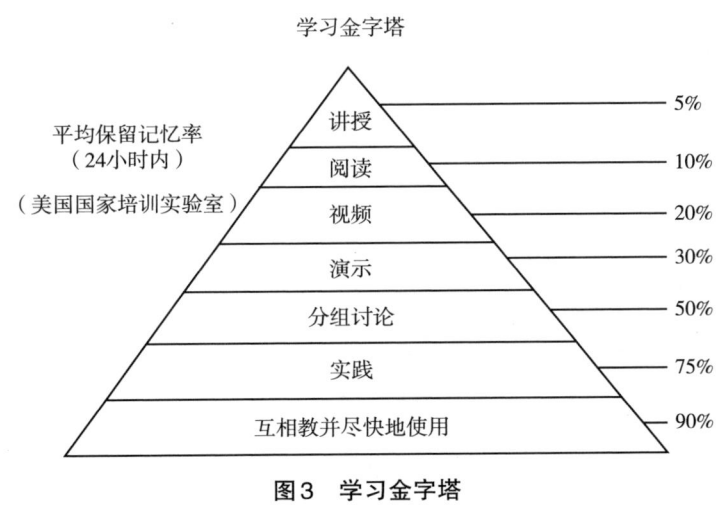

图3　学习金字塔

"懒"教师是为了让学生多阅读自学

学生通过阅读自学可以接触到各种思想、文化和历史，培养对语言和文化的敏感度，从而在交流中更加自如和自信。阅读自学可以帮助提升注意力和记忆力。沉浸在书海中,每一个字、每一句话都会让人不自觉地投入全部精力去理解,这种专注的状态有助于提升注意力。同时,阅读过程中的思考和理解会加深记忆,使思维更加敏捷和清晰。学生阅读自学可以领略艺术的韵味,激发想象力,构建属于自己的故事世界,从而在生活中更加富有创意和灵感。学生阅读自学可以拓宽视野,了解文化、历史、科学和艺术等不同领域的知识,提升个人能力和终身学习的意识。阅读自学帮助学生从不同角度思考问题,找到更富有创意的解决方案。同时,阅读不同类型的书籍可以锻炼思维能力和逻辑推理能力。

"懒"教师通过减少直接讲解,鼓励学生多阅读自学。例如,魏书生老师强调,教师不替学生说学生自己能说的话,不替学生做学生自己能做的事,让学生自己讲明白知识,这种教学方法能够激发学生的主动性和思考能力,使学生在自学过程中不断进步。"懒"教师通过设计各种教学活动,引导学生主动阅读。例如,让学生自己出卷、改卷,进行小组互查作业等,这些活动不仅能培养学生的自主学习能力,还能增强他们的合作精神,提高他们解决问题的能力。"懒"教师还会通过提问和引导,让学生在思考和讨论中掌握知识,而不是依靠单纯记忆。"懒"教师注重培养学生的阅读习惯和自学能力。例如,丁保先老师通过让学生大量阅读经典文学作品和古诗文,培养学生的阅读兴趣和理解能力。这种教学方法不仅提高了学生的语言理解和运用能力,还让他们在自学过程中不断成长。"懒"教师通过减少直接讲解、设计各种教学活动和培养学生的阅读习惯等方法,可成功地激发学生的自主学习能力和思考能力,从而培养出更多善于阅读自学的优秀学生。

例如,在语文的学习中,聪明的教师不要面面俱到地去解析文本,而应巧妙地"懒"讲,以任务为核心,创设情境,引导学生调动自己的生活经验和知识积累,在主动的文本阅读中,获得独特的感受和体验,进而不断提高自身的阅读能力和思维品质。

课堂上,要让学生勤读。

首先,要让学生乐读。"兴趣是最好的老师",在面对要学习的文本时,教师要结合文本特点或内容，设法调动学生已有的知识、生活体验和人生理想，激发学生的阅读兴趣，使他们乐读。比如在学习《子路、曾皙、冉有、公西华侍坐》时，不妨这样加以引导："孔子是我国伟大的思想家、教育家和政治家，为人类留下了一笔丰富的精神财富。他的一些教育思想至今还散发着智慧的光芒，你们知道孔子的哪些教育思想？（让学生回顾旧知，明确有教无类、因材施教、循循善诱、温故知新、学而不厌、诲人不倦、三人行必有我师等），今天让我们一起通过《子路、曾皙、冉有、公西华侍坐》一文来感受这位教育家的形象。"

其次，要让学生善读。一千个读者心中有一千个哈姆雷特，不同的生活阅历和认知水平决定了不同的读者面对同一文本有不同的心理体验和情感态度，因此在进行阅读教学时，教师不要"勤快"地把既成的看法、结论或者是自己解读的内容推给学生，而要巧妙地引导学生读出自己眼中的文本内容，提出问题并加以解决。

最后，要让学生会读。阅读不是简单地把文字过一遍，而是在掌握一定的阅读方法和技巧的前提下去欣赏、品味，并涵泳其中。阅读方法和技巧固然可以让学生在阅读实践中习得，但通过教师的引导系统掌握，效果更加显著。这种引导可以是让学生从题目入手，自己依题构思行文结构和内容，继而阅读文本，学习作者的布局和安排；可以是让学生从题目中的关键词入手，先行赏析文中的主要内容，再看与其他部分的联系；也可以是让学生依据文章的结尾猜想全篇的内容；还可以是让学生逐段找出主旨句，然后合并同类，最终把握全文内容……引导的方法依文本而定，不一而足，但要义只有一个：引导学生进行个性化阅读并逐渐养成自己的阅读习惯。

"懒"教师是为了让学生多练习体悟

通过课堂上的刻意练习，学生可以更好地理解和记忆新知识，从而将这些知识应用到实际问题中去，帮助学生巩固在课堂上所学的知识点，提升思维能力。通过设计有趣的练习题和实际情境问题，课内练习可以激发学生的学习兴趣。学生面对能激发好奇心和挑战性的习题时，会更愿意参与学习过程。在练习过程中，学生不仅可以检测到自己的错误，还可以通过纠正这些错误来完善自己的学习方法。这种自我评估的过程有助于学生养成良好的学习习惯和提高自主学习的能力。可以通过设计不同层次的课内练习题来满足不同学习能力学生的学习需求，促进学生更好地成长。

减少教师的讲解时间，让学生更多地参与到课堂活动中，能使学生在讲解中整理思路，对知识进行深度加工。这种教学方式能够培养学生的表达能力和逻辑思维能力，使学生在实践中加深对知识的理解。让学生自己探索解题方法和思路，教师应重在点拨和引导，而不是大包大揽。这种方法能够培养学生的独立思考能力和解决问题的能力，使学生在遇到新问题时能够自主应对。通过留出时间让学生进行课堂训练和课后辅导，让学生在实践中巩固所学知识，提升学习能力。这种方式不仅能够让学生在实践中掌握知识，还能让教师及时发现学生的困惑和问题，从而在后续教学中进行针对性的调整。通过减少机械刷题，鼓励学生深入思考题目的原理，避免形成固化的思维模式。这种方式能够培养学生的应变能力和创新能力，使他们更好地适应未来的社会。让学生多动手、多思考，减少教师的直接讲解，有利于学生能力的发展、教育质量的提升。

数学教育家波利亚认为："学习任何知识的最佳途径都是由自己去发现，因为这种发现，理解最深刻，也最容易掌握其中的内在规律、性质和联系。"如教学三角形的内角和时，教师先让学生猜一猜三角形内角和是多少度，然后放手让学生去操作、去验证。①量一量：用量角器量出各类三角形3个内角的度数。②算一算：把三角形的内角度数加起来，看看是多少度。③折一折：将各类三角形的3个内角分别编上号码，再对折。④拼一拼：把对折的3个内角拼一拼，看拼成一个什么角，是多少度。⑤想一想：把正方形纸板沿对角线对折成全等的等腰三角形，利用正方形的4个内角和为360度，从而推测出每个三角形的内角和是180度。实际的操作过程，不仅加深了学生对三角形内角和是180度的理解，还培养了学生的动手操作能力。这样，改变了过去教师在操作过程中当"演员"，学生当"观众"的现象，使教师成了"导演"，学生成了"演员"，真正体现了学生在学习上的主观能动作用。这样一来，教师"懒"了，学生却"勤"了，教师占用的时间少了，学生的成长却更多了。

"懒"教师是为了让学生多交流合作

"懒"教师通过设计问题，让学生在思考和回答过程中进行交流和合作。这种方法不仅能让学生积极参与课堂，还能培养他们的逻辑思维能力和解决问题的能力。"懒"教师在班级管理和活动中放手让学生自主管理。例如，班主任可以通过班级项目制管理、明确职责、赋予权利等方式，让学生自主管理班级事务。这样不仅能培养学生的责任感和管理能力，还能让他们在合作中学会相互配合。"懒"教师通过巧妙引导，让学生成为学习的主人。著名特级教师华应龙老师强调，教师要用心做个"懒"教师，尽可能把更多的机会让给学生，让他们自己去思考、讨论和动手。这种方法不仅能提高学生的自主学习能力，还能培养他们的合作精神。"懒"教师通过减少直接讲授、提问引导、放手让学生自主管理等方法，促进学生的交流与合作，从而提高他们的学习效果和综合能力。

鼓励学生互相帮助和学习。例如，可以让学生互相批改作业，或者组成学习小组，共同解决学习中的难题。通过小组活动和角色扮演等方式，学生能在互动中学习和掌握知识。例如，可以让学生分组讨论某个主题，然后每组轮流上台讲解。"懒"教师往往突出学生的主体地位：该学生说的话，就让学生来说；该学生思考的问题，就让学生独立去思考；该学生小组讨论的，就让学生进行交流互动。例如，教学两位数加两位数进位加法时（如28+15=？），"懒"教师肯定会先放手让学生独立思考，进行尝试，并想一想是怎么算的，鼓励学生应用多种方法，然后在小组内进行交流，最后小组分享汇报。

学生只有对所研究的问题产生兴趣,并仅凭自己的力量难以完成时,才会产生合作学习的强烈愿望,合作学习才具有其存在的必要性和实施的可行性。合作学习对学生的发展有着积极的影响。它能够激发学生的学习兴趣,帮助学生克服个人难以解决的问题,促进学生积极进取、自由探索,培养学生的创新意识和实践能力。通过合作学习,学生能够在教师的引导下主动与他人分享自己的想法,倾听他人的见解,解除内心的疑惑,从而达到理想的学习效果。此外,合作学习还能够增强学生的社交技能和团队协作能力,帮助学生更好地适应未来的社会生活,助力学生健康、优质、可持续发展。

"懒"教师是为了让学生多思考探究

思考探究的意义在于深化我们对世界的理解,推动个人和社会的进步。通过思考,我们能够分析问题、解决问题,进而形成更为全面和深刻的认识。思考探究的特点包括自主性、问题导向和深度参与,它能帮助我们拓展思维,发现新的观点,并解决复杂的问题。思考探究不仅能帮助学生发现自己的优点和潜能,还能增强学习者的自我激励能力。通过思考探究,我们能够提升对知识的理解能力和实践能力,并建立事实和原理之间的真正联系。此外,思考探究还有助于培养学生的直觉、判断力及批判性思维,这些能力都是未来立足社会所需的重要技能。思考探究帮助我们拓展思维模式,以发现新的观点。探究者利用各自的知识库,发挥想象力,解决复杂的问题。这种过程不仅激发学生的创造力,还让他们在学习过程中变得更加坚定,因为学习过程中探究的内容更加多样化,学生能够更加灵活地应用学到的知识。

"懒"教师注重培养学生的表达能力和逻辑思维能力。学生以小组形式讨论讲解,需要在讨论讲解中整理思路,这不仅加深了他们对知识的理解,还锻炼了他们的表达能力和逻辑思维能力。教师在旁边适当点拨,引导学生思考,而不是事无巨细地包办一切,这样的课堂变成了学生主动探索的舞台。

"懒"教师通过减少直接讲解、鼓励学生探索、注重表达能力和逻辑思维能力的培养，以及通过实践巩固知识和激发学生的自主学习热情，从而让学生去思考、去探究、去解决问题。

"懒"教师往往给学生提供探究空间。如在练习之后评讲时，"懒"教师把"审判"的席位让给学生，调动学生参评的积极性，让学生自己评判自己的答题情况，让学生寻求每道题的解决方法。这时，"懒"教师"摇身一变"，把自己"打扮"成训练讲评的组织者和引导者，不断地肯定学生的真知灼见，对错误的见解不是给予声色俱厉的批评，而是适时加以纠正、点拨，激发学生深入讨论。力求引导学生认识错误产生的原因，寻找到解决问题的最佳办法和途径。"懒"教师既不曲解学生的观点，也不武断地压制学生对问题的见解，哪怕这些见解是幼稚可笑的。"懒"教师不会在课堂上引发学生抵触情绪，而是在循循善诱中达到让学生自主查漏补缺、纠偏改错的目的，真正培育学生的反思精神、探索精神、创新精神。

"懒"教师注重精简作业、减轻负担、提升效果

"懒"教师会精简作业，减少机械重复的作业，避免学生负担过重。过量的作业往往使学生感到极大压力，甚至产生厌学情绪。精简作业能够显著减轻学生的课业负担，让他们有更多的时间去深入思考、自主探究，从而提升学习的主动性和有效性。精简作业意味着教师要对每项作业进行精心设计，确保其具有一定的挑战性和代表性。这样的作业能够激发学生的学习兴趣，促使他们主动思考、积极解决问题，同时帮助他们巩固所学知识，提升综合运用能力。学生在学习过程中，如果能够体验到成功的喜悦，那么他们的学习动力和自信心将得到极大的提升。精简作业正是基于这样的理念，让学生在完成作业的过程中感受到自己的进步和成就，每一次成功的挑战都将为他们积累信心，进一步增强他们的学习获得感。

精准提供"作业清单"，把时间给学生，是学校亟待解决的问题。学校

要建立作业管理制度，制定作业检查标准，每学期以随机抽查、作业评比、问卷调查、家长访谈等多种方式进行过程性监督，发现问题及时解决，通过落实"四关"——作业审核关、作业试做关、作业公示关、作业检查关，争取将管理提质措施落到实处。各教研组、备课组要开展深入研究，基于"四度"——激发兴趣有温度、尊重差异有梯度、贴近生活有广度、适当延伸有深度，切实做到作业设计科学、布置合理。优化作业布置，要努力实现作业"四变"——变少、变精、变活、变趣，提高作业质量，真正走向轻负担、高质量。

例如，将每个生字的抄写次数从10遍减少到4遍，因为实验表明抄写4遍的记忆效果最好。此外，减少每天的日记写作次数，改为小组轮流记日记，每人每周只轮到1次。"懒"教师能够有效地减轻学生的课业负担。"懒"教师通过精简作业和优化教学方法，不仅减轻了学生的负担，还能激发学生的学习兴趣，提升教学的效果。

做有智慧的"懒"教师，坚持自己说得少一点儿，学生讲得多一点儿；自己的表现少一点儿，学生的展现多一点儿；自己的掌控弱一点儿，学生的自主强一点儿；把严肃的问题引导得轻松一点儿，把枯燥的问题讲得诙谐一点儿。教师要把学习的主动权真正地还给学生，让他们觉得学习是快乐的，并且能够享受到成功的喜悦。

课堂要建立规则

课堂是教育活动的核心环节,它承载着传授知识、培养能力、塑造价值观、开展情感教育及促进社会交往等多重价值。课堂不仅是知识传递的空间,更是学生思维成长和深度学习的空间。通过讨论、研究和项目式学习等方式,学生能够在解决问题的过程中发展高阶思维。在课堂上,教师既要关注学生的情感需求,创造一个支持和鼓励的学习环境,也要建立课堂规则,努力提升课堂教育质量,为学生的终身发展与幸福人生奠基。

课堂乱象,你"中枪"了吗?

随着课堂改革的深入,课堂出现可喜的变化,学生逐步成长为课堂的主人。不过,在一些课堂中还存在以下现象,需要引起教师的自我反思,有则改之,无则加勉。

现象一:上课铃马上响了,学生的课桌上还是空空如也。

现象二:上课铃声一响,随即开讲,连师生问好都省掉了。

现象三:起立乱糟糟、问好乱糟糟、坐下乱糟糟。

现象四:学生趴着的、斜着身子的、低着头的、撑着下巴的,各种各样。

现象五:对教师发出的各种指令,学生面面相觑,半天闹不清要干什么。

现象六:问题经常无人应答,即使有人举手回答问题,也是羞羞答答、胡乱地伸伸手臂,课堂上缺少那种必要的生机。

……

课堂的这些乱象,你"中枪"了吗?有些教师从低年级接手一个教学班时,往往教起来相对轻松一些,随着年级的升高,却越教越吃力,直到最后"玩不转",因为课堂乱象,只得被学校领导"调整"工作,重回低年级。

如果没有限度、规则、秩序,课堂上就会出现"无政府主义",那么,教学质量的提升又从何说起呢?如果课堂没有统一的规则,没有纪律的约束,老师各有各的要求,学生将难以适应。管理有方的老师上课纪律好,但管理失当的老师则课堂纪律堪忧。纪律不好,影响学生的学习效率,影响教师的上课质量。这样的课堂不利于形成积极向上的课堂文化、校园文化,最终必将影响学生的成长与发展。

课堂为何要建立规则

设计合理的规则对学生的课堂行为有指导作用,对于师生间的互动与教学是必不可少的。一堂组织良好的课,不仅意味着学生确切地知道他们应该遵守哪些规则,还意味着他们训练有素,能主动地遵守这些规则。建立课堂规则不仅是教育者的职责,更是育人的需要。

提升教学质量

明确的课堂规则可以减少教师花费在告诉学生做什么、怎么做上的时间和精力,从而节约课堂时间。规则帮助学生快速进入学习状态,减少不必要的干扰,提高学习效率。

维护课堂秩序

规则有助于维持课堂的纪律,防止学生在课堂上出现吃东西、玩手机、随意聊天等不当行为,这些行为通常会对教学效果产生负面影响。通过明令禁止某些行为,让学生知道哪些行为是不被接受的,从而减少违规行为。

培养学生的良好习惯和责任感

课堂规则有助于学生养成良好的行为习惯,如尊重他人、保持安静、按时完成作业等。开展规则教育,增强学生的责任感、使命感,为未来社会培育有道德、有修养的公民。

促进师生关系和谐

课堂规则有助于建立和维护师生关系,增强师生间的信任。通过共同制定和遵守规则,学生和教师之间的互动会更加积极和有效。

建立课堂规则对于提升教学质量、维护课堂秩序、培养良好习惯和责任感,以及促进师生关系都具有重要意义。通过合理的课堂规则,可以创造一个有序、和谐的学习环境,促进学生的全面发展。

如何制定课堂规则

制定课堂规则是确保课堂秩序和高效学习的重要步骤。制定课堂规则要注重基本原则与艺术策略。美国教育家温斯坦制定课堂规则的4个原则:课堂规则应该是合情合理的、必要的;课堂规则应该清晰明了;课堂规则应该与教学目的及我们所了解的人们的学习方法一致;课堂规则要和学校的规章制度一致。

开学前的准备和宣传教育工作

教师应在开学前做好充分的准备,了解学生的基本情况,制定符合班级需求的课堂规则。教师要在开学初向学生宣讲课堂规则,让他们充分了解规则的重要性和必要性,提高学生的守纪意识。

明确和简洁的规则

课堂规则应简洁明了,易于理解和遵守。例如,可以包括明确的行为标准,如"专心听讲""积极完成作业"等。

人性化原则

制定规则应充分考虑学生的需求和期望,避免提出过于严格或不切实际的要求。设定明确的积极行为奖励机制,如每周或每月评选出表现优秀的学生，给予表扬或奖励。对于违反课堂规则的行为，应有明确的惩戒措施，如第一次提醒，第二次点名批评，第三次则需要站立一段时间等。

安全性原则

进行实验或体育活动时，应遵守相关安全规则，确保自身及他人的安全。

适时调整和持续优化

根据学生的课堂表现和反馈，适时调整课堂规则，确保规则的实际有效性。教师也应不断学习和完善自己的管理技巧，提升课堂质量。

通过这些，教育者可以制定出一套既合理又有效的课堂规则，帮助学生养成良好的学习习惯，从而创造一个积极、有序的学习环境，进而提升教学质量。

制定怎样的课堂规则

课代表课前询问准备情况

课代表于上课前课间向任课老师询问课上所用资料及注意事项，返回教室将其写在黑板上进行提示；如需发放作业及资料，课间抱回发放。

学生课前准备并保持安静

课前一两分钟学生准备好上课需要的资料，将无关用品放于桌内，安静坐好，目视前方，等待上课，课代表进行监督检查。

不迟到、不早退、不旷课

课上不换座位，不下座位，不随便出教室。迟到的学生必须先喊报告，经老师允许方可进入教室。

上下课必起立并答礼

班长喊"起立"，学生站立端正，答礼声音洪亮，上课前有助于学生调整精神状态进入学习,下课后有助于学生养成安稳从容的习惯。

安静听讲并认真做笔记

学生应坐姿端正,专心听讲,不从事与学习无关的活动,如使用手机看小说、玩游戏等。当老师讲解时,学生必须保持安静,同时要跟着老师的思路进行思考,在心中默念。当需要记笔记时,要迅速在合适的位置记录合适的内容。

积极主动参与

学生应积极回答问题,积极融入小组合作学习中,主动参与,热情讨论。回答问题时,应起立且声音响亮,使用普通话且语言得体。

尊重老师和同学

上课时,要尊重老师的劳动,下课时,请老师先行。同学之间也应相互尊重,保持良好的课堂氛围。

独立完成作业

学生应独立完成老师布置的作业,不抄袭他人答案,遇到问题应虚心请教。

回答问题要讲文明

回答问题时要起立,得到老师允许后再坐下。提问题时先举右手,经允许后再起立发言,确保课堂环境安静。

用不同手势表达需求

回答问题举手;上厕所比"C";有疑问比"?";求关注"闪一闪"。

不同手势有不同意义,便于课堂高效运行。学生回答问题时统一举右手。大拇指、食指弯曲成半圆的"C"字,表示要上厕所,教师看到后冲学生点头示意,学生自己悄悄去、悄悄回。对老师或者同学的言论有疑问,用食指弯曲作问号,代表自己有疑问,老师看到可以选择让其发问。回答问题机会少,做题有困难,用五指收紧握拳再张开(反复做)的方式代表"闪一

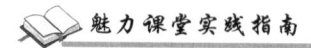

闪"，也就是求关注。

明确课堂声音刻度尺

课堂主要用声音表达，因此音量的控制很重要。可将课堂的声音分贝设定为4个刻度级别，具体界定如下。

一度声音：只有自己一人能听到，旁边同学听不到的声音。

二度声音：同桌二人能听到，邻近的同学不能听到的声音。

三度声音：4人小组讨论时互相能听到，另外小组不能听到的声音。

四度声音：公开发言、展示分享时，全班同学都能听清楚的声音。

保持课堂整洁

教室应保持整洁，个人物品如食物、饮料等不应带入教室，上课时不准吃东西、喝水，下课时将桌上的东西收拾干净。

上课的规矩好，有助于学生良好学习习惯的养成，会带来良好的学习效果，对学生一生都会有积极影响。同时，教学相长，教师也会受益，促进专业能力成长。在教师和学生一起研究、制定出一套合理的课堂规则，并承诺遵守这些规则后，教师要帮助学生始终遵守这些规则，并在执行过程中不断修改。规则要成为真正约束和引导学生自身行为的"指向标"。

对违规学生要进行惩戒

为落实立德树人根本任务，保障和规范学校、教师依法履行教育教学和管理职责，保护学生合法权益，促进学生健康成长、全面发展，根据教育法、教师法、未成年人保护法、预防未成年人犯罪法等法律法规和国家有关规定，学校应制定对课堂违规学生的必要惩戒措施。

实施教育惩戒应当符合教育规律，注重育人效果；遵循法治原则，做到客观公正；选择适当措施，与学生过错程度相适应。学校应当结合本校学生特点，依法制定、完善课堂纪律要求，明确学生在课堂上的行为规范，健全实施教育惩戒的具体情形和规则。学校制定校规校纪，应当广泛征求教职工、学生和学生父母或者其他监护人（以下称家长）的意见；有条件的，可以组织有学生、家长及有关方面代表参加的听证会。课堂规则作为学校校规校纪的一部分，应当提交至家长委员会、教职工代表大会讨论，经校长办公会议审议通过后施行，并报主管教育部门备案。教师可以组织学生、家长以民主讨论的形式共同制定有关规则或公约，报学校备案后施行。

学生在课堂上有下列情形之一的，学校及教师应当予以制止并进行批评教育，确有必要的，可以实施教育惩戒：故意不完成教学任务要求或者不服从教育、管理的；扰乱课堂秩序、学校教育教学秩序的；打骂同学、老师，欺凌同学或者侵害他人合法权益的；有其他违反课堂规则行为的。

学生实施属于预防未成年人犯罪法规定的不良行为或者严重不良行为的，学校、教师应当予以制止并实施教育惩戒，加强管教；构成违法犯罪的，依法移送公安机关处理。教师应当遵循教育规律，依法履行职责，通过积极管教和教育惩戒，及时纠正学生的错误言行，培养学生的规则意识、责任意识。

建立课堂规则不仅仅是为了维持秩序，更重要的是培养学生的自律性和责任感。通过遵守规则，学生可以学会为自己的意愿和行为承担责任，这是自我管理的重要一环。建立课堂规则意味着学生从遵守规则的初级阶段，逐步提升到理解并内化规则精神，最终能够自主地制定和执行规则，以实现个人的自我管理和与社会和谐共处。

 课堂要进行即时反馈

在现代教育体系中,课堂即时反馈的重要性日益凸显。随着教学方法的不断创新和学生需求的日益多元,传统的教学模式已经难以满足当代学生的学习需求。课堂即时反馈作为一种有效的教学策略,不仅能够使教师及时了解学生的学习状况,还能显著提升教学质量和学生的学习效果。通过即时反馈,教师可以迅速了解学生对知识点的掌握情况,及时发现并解决学生在学习过程中遇到的问题,从而实现教学相长,促进学生的全面发展。本文将探讨课堂即时反馈的必要性及其在实际教学中的应用策略。

课堂一定要进行即时反馈

即时反馈在课堂教学中扮演着至关重要的角色,它不仅影响学生的学习效果,还关系到教师的教学质量和师生关系。缺乏反馈、反馈不及时、反馈方式不恰当都是制约学习效果的重要因素。反馈的目的是让学生清楚自己与目标之间的差距及如何缩小差距以达到目标。

增强学习动力,提高学习效果

即时反馈可以让学生立即了解自己的学习成果和存在的问题,从而激发他们的学习动力,并帮助他们及时纠正错误,加深对学习内容的理解和掌握。教师可以通过即时反馈迅速了解学生的学习情况,根据反馈调整教学方法和内容,以更好地满足学生的学习需求,从而提升教学质量。即时反馈有助于确保教学活动与教学目标的一致性,通过不断的反馈和调整,帮助学生形成正确的学习策略,最终达成学习目标。

增强课堂互动

即时反馈可以增强师生之间的互动,使学生感受到教师的关心和支持,同时也能帮助教师更好地了解学生的想法和需求,从而建立更和谐的师生关系,使课堂更加生动和有效。例如,教师可以通过即时评价来激励学生,或者引导学生深入思考某个问题,从而提高学生的课堂参与度和学习兴趣。

促进个性化学习

即时反馈可以帮助教师更好地了解每个学生的学习需求和特点,从而提供个性化的教学支持。例如,教师可以根据学生的即时反馈调整教学内容和难度,确保每个学生都能在适合自己的节奏下学习。

培养关键能力

即时反馈有助于培养学生的关键能力,如批判性思维、问题解决能力和团队合作能力。通过即时评价,学生可以学会如何在短时间内做出反应,如何有效地表达自己的想法,以及如何在团队中发挥作用。

满足现代教育需求

随着教育技术的发展,即时反馈已经成为现代教育的重要组成部分。通过即时反馈,教师可以利用各种教学工具和平台,如智能教学系统和学习分析工具,来更好地管理和评估学生的学习进度。

反馈要为学生提供达成学习目标的清晰标准;反馈要具有针对性,能根据不同的学习过程做出调整;反馈应具体、精准且及时;反馈应能给学生带来挑战;学习环境应对错误和差异保持开放;来自同伴的反馈应被允许。这样的课堂即时反馈对提高教学效率、增强课堂互动、促进个性化学习、培养关键能力及满足现代教育需求都具有重要意义。

课堂即时反馈的基本原则

课堂即时反馈需要教师探索其教育技能与教育智慧,科学把握即时反馈的教育规律，实现课堂教学质量的最优化。

目的性

应在教学设计时精心准备教学反馈的目的、时机、内容，并对学生可能出现的状况有所预判，准备好相应的应对策略。这样教师才能在动态的课堂中及时把握学生的学习状况，并对教学内容进行适当调整。

个体性

每个学生的个性和认知水平不一致，教师应将教学反馈的内容设计成阶梯性的、符合认知规律的形式。课前应重点反馈学生对旧知识的掌握程度；课上应重点反馈学生的学习方法和思维过程；课后应重点反馈学生对知识难点的运用情况。每一个学生的学习能力和需求都不同，教师在反馈时应考虑到个体差异，针对不同学生的表现，给予量身定制的反馈，这能让学生感受到教师的关心和支持，从而更愿意接受。

参与性

在课堂教学反馈过程中，教师应进行启发性的诱导，巧妙点拨，启迪学生思维，激发学生进行由浅入深、由表及里的探究。即时反馈要注意学生的参与程度，成功的反馈过程是师生共同体验的过程。教师应收集各种反馈信息，及时从学生的反馈中发现问题并加以修正，以达到让学生学有所成的目的。

科学性

即时反馈应当具体、明确、有效地指出学生在作业或课堂活动中的具体表现，并提供详细的改进方法。反馈要提供更多的信息，指出为什么某个答案是正确的，从而对学生的回答进行详细的说明。例如，教师可以通过指出学生的错误，给出具体的改进建议，帮助学生明确需要改进的方向。教师的评价要准确，对不同的意见，尤其是模棱两可的意见，要给予准确的评价。

激励性

积极反馈在改变学生的语言行为方面比消极反馈有效得多，教师常用的反馈策略应该是转述、详述、点评、重复等。反馈应以建设性为导向，肯定学生的努力，指出优点，同时提供针对缺点的改进方法。这样的反馈能有效激励学生继续努力，克服学习中的困难。对于尚未掌握知识或者是学习有困难的学生，出错是很正常的情况，这时教师要体现课堂教学反馈的激励性，给予学生鼓励和支持。鼓励与表扬的正面激励能够激发学生的学习积极性和自信心，促进他们的全面发展。尊重与包容的师生关系则是营造积极学习氛围的基础。教师应该尊重学生的个性差异和想法，给予充分的关注和关爱，建立良好的师生关系。

这些原则共同构成了课堂即时反馈的基础，有助于提高学生的学习动机和成就感，促进学生全面发展。

课堂即时反馈的主要方法

课堂即时反馈是教学过程中的一个重要环节，它有助于教师及时了解学生的学习情况，并据此调整教学策略。要积极探究即时反馈的教育方法，让高质量的即时反馈为课堂教学赋能。

课堂提问

教师通过提问了解学生对所学内容的理解程度，同时引导学生思考和表达。提问可以在课堂开始时设疑，在课中根据需要实施，在课尾考查学生对所学内容的掌握程度。提问应紧扣教学的重点和难点，避免漫无边际。选择的问题应能激发学生的思维共鸣，激发他们的学习兴趣。

随堂测验

教师可以通过设计简短的知识测试（如选择题、填空题、简答题）来评估学生对基础知识的掌握情况。这些测试可以在课堂上即时完成，并立即提供反馈。通过课堂测验，教师可以了解学生对所学内容的掌握程度，督促他们更加专注于课堂学习，并根据学生的表现进行有针对性的反馈和指导。

情态观察

密切观察学生的面部表情、肢体动作、操作过程中的行为状态等，这些都可以透露出他们对知识的理解程度和对学习的心理态度。教师可以通过观察学生在课堂活动中的表现（如阅读速度、写作质量、计算能力、思维方法等），即时反馈学生的优点和不足，并提供改进建议。

课堂互动

在课堂上，教师可以通过提问、小组讨论、团队合作等方式，鼓励学生积极参与，并在互动中提供即时反馈。通过讨论、小组合作学习等方式，教师能够鼓励学生发表意见并参与完成任务，了解学生对学习内容的理解和应用情况，以及关注学生的学习态度、学习效果。

观察团队表现

学生小组或整个班级在学习过程中的总体表现，可以反映学生整体的学习习惯特征。项目式学习与团队协作反馈能够让学生在解决实际问题的过程中锻炼高级技能。创意作品与成果展示则能够激发学生的创新思维，鼓励他们尝试新的想法和方法，并通过展示成果获得认可。此外，创新思维与问题解决能力的培养也是课堂教学反馈的重要内容。教师可以通过设计开放性的问题和挑战，引导学生探索不同的解决方案，并给出启发性的反馈，帮助他们拓展思维和视野。

成果分析

鼓励学生提交作品（如作文、绘画、设计等），教师审阅后给予详细反馈，包括优点和改进建议。对学生在课堂上完成的学习作品进行分析，有助于了解学生学习任务完成情况，以及学生的学习特点和需求。实践操作与成果展示则能够让学生在动手实践中深化对知识的理解，并通过展示成果获得成就感。此外，批判性思维与问题解决能力的评估也是课堂教学反馈的重要组成部分。教师可以通过设计具有挑战性的任务，引导学生独立思考、分析问题，并给出建设性的反馈，帮助他们提升批判性思维和问题解决能力。

量表评价

在课堂教学过程中对学生完成的各种任务给出评价标准，让学生依据评价量表进行评价，以此掌握学生的学习情况。课堂评价量表不仅是评估学生学习成果的工具，也是促进教学互动、提升教学质量的重要辅助手段。合理使用课堂评价量表可以有效地提升教学效果和学生的学习体验。

平台数据调用

各种教学平台、教学软件等带有教与学的行业跟踪记录和自动生成评价结果的功能，教师可利用其实时跟踪学生的学习进度和成绩，获取详细的数据分析和反馈。数据在教学中可以直接调用并展示出来，作为重要的反馈评价依据。

课后作业检查

教师可以布置与课程内容紧密相关的课后作业，并在学生完成作业后进行检查。在仔细批改作业后，教师可以提供正确答案和详细的解释，帮助学生巩固薄弱环节。

阶段性测试

定期举行的单元测试、期中考试等可以帮助教师统计、分析学生的成绩，识别共性和个性问题，并据此调整教学内容和方法。阶段性测试与成绩分析则能够全面评估学生在一段时间内的学习成果，为教师调整教学策略提供依据。

教学研究

教师可以通过问卷调查、访谈或同行评审等方式收集学生和同行的意见和建议，并根据反馈结果调整教学策略。此外，书写教学日志与反思记录也是提升教学质量的重要途径。教师可以通过记录教学过程中的得失和经验教训，来反思自己的教学策略和方法，并不断改进和完善。学习兴趣的调查与引导也是必不可少的。教师可以通过问卷调查或访谈等方式了解学生的学习兴趣和偏好，并根据调查结果调整教学内容和方法。目标设定与进度追踪则能够帮助学生明确学习方向，激发他们的内在动力。

课堂教学反馈是一个全面、系统的过程，需要关注知识掌握程度、技能提升情况、情感态度与价值观、教学方法与策略及课堂管理与氛围等多个方面。通过构建全面的课堂教学反馈框架，教师可以更加准确地了解学生的学习情况和发展需求，为学生提供更加个性化的教学指导，同时，也可以不断优化自己的教学策略和方法，提升教学质量和效果。

课堂即时反馈的参考清单

知识掌握程度的反馈方式

课堂小测验、简短知识测试（选择题、填空题、简答题）等即时评估与反馈方式，可以帮助学生了解学习进度与存在的问题。布置与课程内容紧密相关的作业，仔细批改并标注错误与不足，提供正确答案与详细解释，可以帮助学生巩固薄弱环节。对阶段性考试（如单元测试、期中考试等）成绩进行统计分析，有助于识别学生共性与个性问题，进而开展针对性讲解。

技能提升情况的反馈方式

课堂观察：观察学生的阅读速度、写作质量、计算能力等表现，即时反馈其优点与不足，给予改进建议。作品展示：鼓励学生提交作品（作文、绘画、设计等），审阅并给予详细反馈（优点、改进建议）。技能测试：设计专门的技能测试题目或任务，测试结果作为教学策略调整的依据。

情感态度、价值观的反馈方式

调查学生对学习内容的兴趣、态度及价值观，了解学生对课程的整体感受与价值观的变化。组织主题讨论，鼓励学生发表观点，了解学生对特定话题的态度与价值观，给予积极引导。与学生进行个别访谈，了解其在学习过程中的情感体验与价值观变化，提供个性化指导与支持。

教学反馈与调整的方式

通过课堂观察、问卷调查、个别访谈收集反馈，鼓励学生主动提出问题与建议。记录教学过程与学生学习表现，反思成功经验与不足，发现问题并调整教学策略与方法。邀请同事或专家观摩评审，获得对教学过程的专业建议与改进意见，从而提升自身教学水平。根据学生反馈与同行评审结果调整教学内容、方法与策略，优化教学流程，使其贴合学生学习实际情况，提高教学效果。

在教育实践中，即时反馈的重要性不容忽视。它如同一盏明灯，照亮了学生求知的道路，帮助他们及时发现并纠正错误，从而更好地掌握知识。作为教师，我们应当不断探索和实践有效的即时反馈方法，将其巧妙地融入课堂教学之中。通过我们的努力，每一个学生都能在课堂上获得即时、准确且有用的反馈，激发学习的热情，提升学习的效果。这样，我们不仅能培养出更加优秀的学生，也能为教育事业的发展贡献自己的力量。

让我们携手并进，共同创造一个充满活力且高效的课堂环境吧！

 # 教师要修炼好课堂上的评价艺术

随着新课程改革的不断深化,课堂教学已经不仅仅局限于知识的传授,更强调学生能力的培养、情感态度与价值观的形成,全面提升孩子的综合素养。在这一过程中,教师的评价行为起着至关重要的作用。评价不仅是对学生学习成果的反馈,更是对学生学习过程、学习态度及潜在能力的引导与激励。然而,在实际教学中,部分教师往往过于注重结果性评价,忽视了过程性评价和个性化评价的重要性,这在一定程度上制约了学生全面而有个性的发展。因此,提升教师在课堂上对学生的评价艺术显得尤为重要和紧迫。要深入探讨如何优化教师的课堂评价行为,使之更加科学、有效且富有艺术性,从而使教学更好地服务于学生的全面发展。

课堂评价的内涵

学习方式的评价

学习方式的评价包括自主学习的程度,合作学习的效度,探究学习的深度3个方面。

自主学习的程度:评估学生是否在教师的引导下自主确定学习目标、选择学习方法、监控学习过程和评价学习结果。

合作学习的效度:考查小组合作学习的效果,包括选题的科学性和分组的合理性,以及互赖互动和预设生成的程度。

探究学习的深度:评价学生是否具有问题意识和问题能力,以及问题的数量和质量。

价值追求的评价

价值追求的评价包括以学生发展为中心，依标施教，体现人文性、综合性、开放性和实践性。

以学生发展为中心：确保教学内容和方法服务于学生的终身发展，传授的知识、教授的方法、培养的能力及价值导向都应为学生的终身发展服务。

依标施教：根据课程标准进行课堂教学活动，确保教学内容和方法符合国家课程标准的要求。

体现人文性、综合性、开放性和实践性：教学内容应生活化、个性化，且体现社会学科的综合过程；教学形式应丰富多彩；教学目标应开放。

学习情境的评价

学习情境的评价包括联系阅读、主动问答、自主讨论、自评互判4个方面。

联系阅读：其评估学生在阅读过程中是否能围绕目标对相关知识进行纵横联系、融会贯通。

主动问答：考查学生是否能自主、积极地提出问题和回答问题。

自主讨论：评价学生是否能自由交换意见或进行辩论，以解决问题或生成新的问题。

自评互判：考查学生是否能进行自我评价和相互评价，是否重视相互学习和相互提高。

这些评价维度共同构成了教师在课堂上对学生进行全面评价的内容，旨在提高学生的学习质量和教师的教学效果。课堂评价的目的是提高教育教学质量，更好地促进学生学习，它是评价的手段之一。

课堂评价要讲艺术性

课堂上是否还频繁出现这样的声音？"说得太好了，大家为他鼓掌""嗨、嗨、嗨，你真棒""你太聪明了""你真认真"。这种对结果的评价不利于促进学生可持续发展，因为结果来自过程，评价应注重对过程的激励，激励学生在参与过程中、在体验感悟中大胆思考、动手实践、碰撞思维、升华智慧。魅力课堂中的评价应以学生的发展为出发点和归宿，要成为促进学生成长的催化剂。

艺术性的课堂评价能够激发学生的学习兴趣和积极性。通过富有激励性和幽默感的语言，教师可以使学生在轻松愉快的氛围中学习，从而增强他们的学习动力。幽默的语言不仅能让学生感到愉悦，还能在笑声中启迪学生智慧，产生意味深长的美感效应。简洁、精练的评价语言能让学生感受到教师的热情，从而精神振奋，积极参与课堂活动。此外，艺术性的课堂评价有助于促进学生的全面发展。

艺术性的课堂评价不仅能客观公正地评价学生的学科能力，还能引导他们树立正确的人生观和价值观。通过恰当的评价语言，教师可以帮助学生树立正确的学习态度和目标，促进他们的全面发展。富有艺术性的评价可以让学生感受到教师的关怀和支持，有助于建立良好的师生关系，从而促进学生的全面发展。

艺术性的课堂评价可提升教师的教学效果。通过艺术性的评价语言，教师可以更好地把握学生的学习情况，及时调整教学策略，确保教学效果的最优化。例如，适时捕捉课堂上的意外情况并进行巧妙处理，可以有效提升课堂教学的效果。

当学生的表现有明显进步，如回答到位、见解独特、表达精彩时，教师应不吝赞扬之词，及时予以肯定、赞扬、激励。当学生表现不理想时，教师应敏锐地捕捉到其中的闪光点，用激励性评价及时给予肯定和表扬，让他们看到自己的能力和进步，从而增强学习信心；或者通过幽默的语言化解学生在课堂上的尴尬。当学生的情感、态度、价值观出现问题时，教师的评价要学武术中的"四两拨千斤"，化腐朽为神奇，既尊重学生的体验，又把学生本有些偏激的价值观不露痕迹地引上正道。当学生思维活跃、意见相左时，教师的评价应深入浅出，追根问底，引导学生在激烈的争辩中相互启发，碰撞思维，厘清思路，统一意见。要给持相反意见的学生以申诉的机会，要给发生错误的学生以重新修正意见的机会。教师不要把自己当作课堂上唯一的"裁判"，要把"评价的尺子"交给学生自己，教师要成为学生成长的引导者、点拨者、激励者、促进者。

课堂评价的原则

表扬学生聪明，他更容易陷入固定型思维模式中。他会把以后的每一项任务看成是证明自己聪明的测试，他害怕被证明不聪明，他会尽量选择简单的任务。表扬努力，才能在他心中种下成长型思维模式的种子。他会把每一项任务都当成成长的机会，更愿意花时间钻研难题，主动选择困难的任务。

激励性原则

使用具体、准确的激励性评价，让学生感受到教师的鼓励和支持。例如，在教学七年级下册语文《登幽州台歌》时，教师可以指出学生回答中的亮点，如针对学生回答的"登高望远，悲苦无限"中的"望"字，点明其表达了作者的动态美感和内心的感慨。

幽默性原则

在指出学生的错误时，采用幽默的方式，保护学生的自尊心。例如，在教学七年级下册语文《登飞来峰》时，教师可以指出学生没有按照指定的句式回答，并用"异曲同工之妙"和"有自己的个性"来化解尴尬，同时保持微笑。

多样化原则

结合口头评价和体态语评价，根据学生的反应和课堂氛围灵活调整。例如，当学生紧张时，教师可以通过摸头或鼓励的话语来安抚他们；当学生表现出色时，教师可以给予赞美或热烈的掌声。

时效性原则

最不该的是没有评价，该及时鼓励的要毫不迟疑，不宜立即评判的则不能过早定论。在课堂上进行即时评价，帮助学生及时调整学习行为。例如，在学生合作或交流时，教师应及时给予反馈，指出他们的优点和需要改进的地方。

个性化原则

根据学生的个性和学习水平进行差异化的评价。对于优秀生，教师的评价应更具启发性和挑战性；对于后进生，应以鼓励为主，帮助他们建立自信。

诚恳性原则

抓住某个应当表扬的地方给予恰如其分的、有针对性的具体评价，以真诚和负责的态度把"真棒""真聪明"等评价更换成棒的具体体现、聪明的实际细节。

辨证性原则

将批评有效融入表扬中，在表扬中警示学生，让学生提高认识，强化自律行为。

基于这些原则，教师可以有效地运用课堂评价，激发学生的学习兴趣和积极性，同时促进他们的全面发展。另外，一个微笑、一个眼神、一个拥抱、一个竖起大拇指的赞许，以及拍拍肩膀的激励、握握手的感激，都是评价。

课堂评价艺术的实例

课堂评价应该是一种民主、平等的"对话"，"对话"过程贯穿着尊重人、爱护人、发展人的人本主义情怀。夸美纽斯说："教师的嘴，就是一个源泉，从那里可以发出知识的溪流。"以下是一些课堂评价的艺术用语，旨在激励学生并提升学习体验。可以根据具体的教学情境和学生的反应选择和调整这些用语，以达到最佳的教学效果。

激励孩子认真听

1. 同学们个个眼睛亮亮的、睁得大大的，我感受到你们特别认真，注意力特别集中！

2. 你听得真认真，这是尊重他人的表现呀！

3. 倾听是分享成功的好方法，看××同学正在分享着大家的快乐，我相信他已经有了很多收获！

4. 他听得可认真了，会听的人是会学习的孩子！

5. ××听得最认真，请你回答！

6. 你专心致志地听，这习惯真好！

7. 你听得真仔细，耳朵真灵，这么细微的地方你都注意到了！

8. 你坐得真端正！注意力真集中！

9. 看××同学认真的样子，老师就知道她是勤奋好学的孩子！

10. 你很像一个小老师，不仅管好了自己，而且把自己的小组也管理得很好！

激励孩子勇敢说

1. 你的语言组织得真好！

2. 我们今天的讨论很热烈，参与的人数也多，说得很有质量，我为你们感到骄傲！

3. 你虽然没有完整地回答问题，但你能大胆发言就是好样的！

4. 回答错了不要紧，重要的是你已经举起了手，别着急，同学们都在耐心地等着。

5. 谢谢你，你说得很正确，很清楚。

6. 虽然你说得不完全正确，但我还是要感谢你的勇气！

7. 你很有创见，这非常可贵。请再大声地说一遍。

8. ××说得还不完全，请哪一位再补充。

9. 老师知道你心里已经明白，但是嘴上说不出，我把你的意思转述出来，然后再请你学说一遍。

10. 说，是用嘴来写，无论是一句话，还是一段话，首先要说清楚，想好了再说，把自己要说的话在心里整理一下就能说清楚。

11. 对！说得很好，我很高兴你有这样的认识，很高兴你能说得这么好！

12. 说话，是把自己心里的想法表达出来，与别人交流。说时要想想：别人听得明白吗？

13. 说话，是与别人交流，所以要注意仪态，身要正，不扭动，眼要正视对方。对！就是这样！人在小时候容易纠正不良习惯，要经常注意。

14. 老师和同学都相信你会说得很好！

15. 你的回答比沉默更有风度！

16. 你讲得很有道理，如果你能把语速放慢一点儿，其他同学听得就更清楚了！

17. 知道吗？老师不仅为你的清楚回答而惊喜，更为你的勇气折服！连同学们都被你带动起来了，发言多踊跃，谢谢你！

激励孩子勇敢读

1. 你的情感真丰富，谢谢你这么精彩的朗读。

2. 这么难读的句子，你却读得这么棒，你一定下了不少功夫！

3. "有纳才能吐"，有积累才能够表达。我们有些同学的作文中词语非常丰富，看得出他们课外有较大的阅读量。

4. 读是我们学习语文的基本方法之一，古人说，读书时应该做到眼到、口到、心到。我看，你们今天达到了这个要求。

5. 大家自由读书的这段时间里，教室里只听见琅琅书声，大家专注的神情让我感受到什么叫"求知若渴"，我很感动。

6. 经过这么一读，这一段文字的意思就清楚了，不需要再说明什么了。

7. 请你们读一下，将感受从声音中表现出来。

8. 读得很好，听得出你是将自己的理解读出来了。特别是这一句，请再读一遍。

9. 读书应该分出层次。首要的是通读，将句子读顺口，借助工具读准不认识的字。对于这一点，我们同学的认识是清楚的，态度是重视的，做得很好。

10. 听你们的朗读是一种享受，你们不但读出了声，而且读出了情，我很感谢你们。

11. 默读，贵在边读边思考。现在我们将默读的思考心得交流一下。

12. 默读，要讲究速度。现在我请大家在10分钟内看完这段文字，并思考……

13. "读书百遍，其义自见"，我请各位再把这部分内容多读几遍，弄懂它的意思。

14. 是呀，这个字挺难读的，老师有时也会读错，没关系，只要多读几遍就记住了。

激励孩子勇敢问

1. 今天你们的提问已大大地超出了课文的范围，反映了你们学习的积极性及强烈的求知欲望。

2. "学贵有疑"，问题是思考的产物，你们的问题提得很好，很有质量，这是善于思考的结果。

3. 你们的问题很有价值，看来读书时是用心思考的。

4. 这里有同学提出了这样一个问题，请大家看看是否有答案。

5. 你们现在真能问，能问在点子上，能抓住要点来提问。

6. 我们同学的思想变得很敏锐，提的问题很好。

7. 这个问题提得很有意思，让我试着回答，不一定准确。

8. 有些问题我们可先问自己，自己有能力解决的，就不必向别人提出，让我们试试看，刚才新提出的问题，哪些是自己有答案的？

9. 有一个问题，是我要求教大家的，谁能帮我解决。

10. 我从同学们的提问中，看到的是思维的火花，非常灿烂，与其说是我在教你们，不如说是你们在教我，你们的学习能力是在提高的。

激励孩子勇敢做

1. 用自己的笔写自己心里的话，这一点很重要。××同学做得比较好，他的作文虽然也有缺点，却给人一种真诚的感觉。

2. 你已经很努力了，现在我们已经找到了失误的原因，我们离成功更近了！

3. 同学们养成了良好的学习习惯，作业本很干净，书写也端正。我很高兴，感谢大家！

4. 请同学们看（用手扬起一大沓本子），我今天要表扬这么多同学，让我来介绍他们的名字。这些同学的作业字迹端正，行款整齐，很少有错别字，文句通顺，进步很大。

5. 同学们写下了自己的所见、所闻、所思，我也写了一点儿，现在我念给大家听，希望大家能喜欢。

6. 写文章的目的是与别人交流，将自己的感情和思想用文字表达出来，让别人了解。我们的作文也应该有读者，有读者群。我建议大家互相交流，看完后将自己的体会，用一两句话写下来，目的是互相鼓励。

7. 优秀的作文是全班的财富，应该让大家来共享，请大家出出主意，如何使这些财富充分地发挥作用，让每一位同学得益。特别请这些财富的创造者出出主意。

8. ××同学从生活中找写作材料的本领很大，即使是一件不起眼的小事，他也能留心观察，将其作为原始材料积累起来，他的写作材料总是那么新鲜、独特。

9. 刚刚过了××节，同学们一定有深刻的印象，就以"××节"为题，写一篇作文，好吗？

10. 文章写完了，自己应该小声读两遍，注意有没有词句的毛病和写错、写漏的字。

11. 不仅自己认真学习，还能提醒同学，真是了不起！

激励孩子勇敢思考

1. 你分析问题这么透彻，老师真希望每节课都能听到你的发言。

2. 再想想，办法总比问题多。

3. 你们的想法太奇特了，老师真为你们高兴。

4. 你很会思考，与老师想到一块儿去了，来，握个手吧！

5. 我想××同学一定在思考，我们再给他一点儿时间，好吗？

6. 让我们一起为××喝彩！人类历史上许多重大发现最初都源于人们的猜想，之后才渐渐被验证，同学们在今后的学习过程中，也要敢于猜想、善于猜想，这样才能有所发现、有所创造！

7. 你的脑筋动得真快，声音又那么响亮，谢谢你为大家开了一个好头。

8. 错了并不可怕。这不，从他的错误之处，大家又有了新的想法，这不就是错误的价值吗？

9. 不知是什么力量使你改变这么大，从上课爱吵爱闹到学会静静思考，学会暗暗努力，真为你高兴！

10. 你特别爱动脑筋，常常一鸣惊人，你的发言给了我很大的启发，真的谢谢你！

激励孩子大胆创新

1. 你的回答与众不同，有创新意识，让我们的思维空间更广阔了，老师都没有想到这么有创意的答案！

2. 你真是好样儿的，在学习上有耐心，也很有创新意识！老师佩服你，为你感到骄傲！

3. 你真棒，对刚才的问题，不满足于找到结果，更是经过观察思考，又有了新的发现，如果能说出其中的道理，那就更了不起了。

4. 你的设计（方案、方法、观点、点子）富有想象力，很有创造性，我非常欣赏你的想法，说说你是怎样想的好吗？

5. 一道题你能用那么多的方法来解决，老师好佩服你呀！

6. 不要轻易地放过自己每一个小小的发现，也许大的学问就在那里呀！

7. 了不起的发现，如果你再用精彩的方式介绍给大家，帮助到大家，那就更好了，大家就更佩服你了！

8. 你的见解真独到，真是我班的智慧星。

在未来的教育实践中，我们应不断探索和完善课堂评价的艺术，注重培养学生的自我评价能力，使评价成为促进学生全面发展、提高教师教学水平的重要工具。同时，我们还应加强教师之间的交流与合作，共同研究和分享课堂评价的有效策略，以期在教育的道路上不断前行，培养出更多具有创新精神和实践能力的人才。

艺术性的课堂评价是教师不可或缺的技能，是教师专业素养的重要组成部分，它关系到学生的学习成效和成长动力。一个善于运用课堂评价艺术的教师，能够深入了解学生的学习动态，及时给予反馈，激发学生的学习兴趣和积极性，从而有效提升教学质量。只有不断修炼和提升课堂语言艺术，教师才能在教育的舞台上发挥更大的作用，为学生的全面发展奠定坚实的基础。让我们共同努力，以评价为纽带，搭建师生共同成长的桥梁，让每一堂课都充满活力与希望。

第四辑　课堂的控制系统

提升课堂追问技能

在课堂教学这一复杂而多元的教育活动中，追问技能犹如一把精巧的钥匙，能够开启学生深入思考与知识内化的大门。有效的课堂追问不仅仅是简单的问答延续，更是一种富有策略性的教学艺术。教师通过追问，可以引导学生从表面的认知迈向深层的理解，从模糊的感知走向清晰的把握，从而激发学生的思维活力，促进课堂的互动与知识的动态建构。然而，在实际的课堂教学场景中，许多教师在追问技能的运用上存在着诸多不足，如追问缺乏深度、时机把握不当、追问方式单一等。因此，深入探讨如何提升教师的课堂追问技能具有极为重要的理论与实践意义，这不仅有助于优化教学过程、提升教学质量，更是培养学生高阶思维能力和创新精神的关键举措。

课堂追问的内涵

追问，是在课堂师生互动过程中，教师基于学生的回答进一步提出问题。它不是简单的重复提问行为，而是一种有目的、有层次的探究性提问行为。例如，在数学课堂上，当学生回答出一道几何题目的部分解法时，教师追问"你为什么想到从这个角度去构建辅助线呢？"这个问题是在学生初始回答的基础上，深入探究其思维过程。

追问与普通提问的区别：普通提问往往侧重于获取一个既定的答案，如"三角形内角和是多少？"而追问更关注答案背后的思考逻辑、知识联系和思维拓展。普通提问可能是一次性的问答交流，追问则是一个连续的、层层递进的思维引导过程。例如，在语文课文分析中，普通提问可能是："这篇课

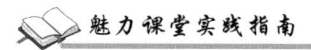

文的作者是谁？"追问则可能是："作者的生平经历对他的创作风格有何影响？""这种风格在这篇课文中有怎样的体现？"

课堂追问的层次

低层次的追问

低层次的追问主要是对事实性知识的澄清。比如在历史课上，学生说："文艺复兴是一场思想解放运动。"教师追问："那你能说出文艺复兴开始的时间吗？"这有助于学生巩固基本的史实知识。

中层次的追问

中层次的追问涉及对知识的理解和简单应用。例如，在物理课上，学生解释了牛顿第二定律的基本公式，教师追问："如果物体的质量增加1倍，在相同的力的作用下，加速度会如何变化？"这促使学生运用所学公式进行分析。

高层次的追问

高层次的追问聚焦于知识的综合理解、评价分析和创新思维的培养。如在艺术课上，学生展示了一幅绘画作品并阐述了自己的创作思路，教师追问："你这幅作品在色彩运用上与传统同类型作品相比有哪些突破？""这种突破对表达主题有什么独特意义？"这激发学生的创新思维，使学生对艺术作品有更深入的理解。

课堂追问的类型

类比型追问

这种追问通过比较已学知识与新知识，帮助学生巩固旧知识并理解新知识。例如，在反比例函数的教学中，教师可能会询问："我们是如何研究正比例函数的呢?"然后引导学生思考反比例函数的研究方式,从而帮助他们理解新知识。

递进型追问

递进型追问涉及逐步深入的问题,帮助学生逐步深化对问题的理解。例如,教师可能会从一个简单的问题开始,逐步引导学生探索更深层的答案,这种方式可以帮助学生看到问题的不同层面,增强他们的逻辑推理能力。

聚焦型追问

聚焦型追问专注于特定的问题或概念,引导学生深入探讨。例如,教师可能会组织集中讨论某个特定的数学条件或公式的应用,通过进行一系列的追问帮助学生完全理解这一部分的知识。

验证型追问

验证型追问侧重于确保学生的理解是准确和深入的。教师可能会通过提问来验证学生是否理解了某个概念,这种追问帮助学生理解数学逻辑的严密性,并鼓励他们提供更详细的解释。

澄清式追问

这种追问用于澄清任何可能的误解或不清楚的地方,确保所有学生对问题的理解是一致的。例如,如果学生在讨论中表达了不明确的理解,教师可以追问:"你能更清楚地解释一下你的意思吗?"

引导式追问

引导式追问用于引导学生自己发现问题和解决问题。例如,教师可能会问:"你认为这个问题的关键点是什么?""你能提出一个解决方案吗?"

反驳式追问

在学生对某个论点表示不同意时,反驳式追问可以用来引发更深入的讨论。例如,如果学生认为某个解释不合理,教师可能会追问:"你能提供另一个解释吗?""为什么?"

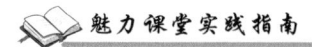

可以根据具体的教学需求和学生的学习进度灵活运用追问类型，旨在提高课堂互动性，深化学生的理解，并促进他们的主动学习。

课堂追问的意义

提高课堂追问技能是教育发展与学生成长的必然要求。有效的追问如同知识海洋中的灯塔，照亮学生思维的航道，引导他们从浅层认知迈向深度理解。探索课堂追问、掌握课堂追问的技能有着十分重要的教育意义。

保持注意力的稳定性

追问可以帮助学生集中注意力。通过提出有针对性的问题，教师可以引导学生深入思考，从而减少学生注意力分散的情况。

激发独立思考的积极性

通过追问，教师可以激发学生的独立思考能力。例如，在未直接给出答案的情况下，教师可以提出问题，让学生自行探索和思考，从而培养学生分析和解决问题的能力。

增强对话交流的有效性

追问是课堂对话交流的重要组成部分。通过追问，教师可以引导学生进行深入的讨论，促进学生之间的交流和合作，从而加深学生对知识点的理解。

提高自主探究的积极性

在课堂追问中，教师可以引导学生自主探究，通过提出开放性问题，让学生自行寻找答案，从而提高学生的探究能力和问题解决能力。

增强分析比较的主动性

追问可以帮助学生在比较不同概念或知识点时，更深入地理解它们之间的联系和区别。例如，通过追问，教师可以引导学生更清楚地看到不同数学概念之间的逻辑关系。

促进深度学习

课堂追问是促进学生深度学习的重要手段。通过追问，教师可以引导学生深入理解教材内容，不仅仅是表面的接受，而是能够主动探索和构建知识体系。

提升学生的思维能力和思维品质

通过不断追问，教师可以引导学生学会更深入地思考问题，更全面地看待问题，从而提高他们的思维能力，发展思维品质。

课堂追问是一种极具价值的教学策略，它不仅可以帮助教师有效地传达知识，更能够极大地激发学生的学习兴趣。

课堂追问的技能

在当今这个追求高质量教育、培养学生综合素养的时代，每一位教师都应将课堂追问技能的提升视为自身专业能力成长的重要环节。只有这样，课堂才能真正成为智慧碰撞、思想启迪的神圣场所，学生也才能在富有启发性的追问引导下，茁壮成长为具有创新精神和独立思考能力的新时代人才。

第一个技术：追问

问题后的追问，是为了使学生弄懂弄通某一内容或某一问题，在一问之后再次提问，穷追不舍，直到学生能正确解答为止。

佐藤学在《静悄悄的革命》中说："多数的教师只注意自己教学的进度，并没有去想准确地'接住'每个学生的发言，未能与那些倾心'投球'的学生的想法产生共振。""还有更严重的是，有的教师自己没有接住球还不让学生去替他捡，像这样的互动如果持续的话，那些投不好球、投偏球的学生就会变得讨厌投球。"这说明，真正的追问是建立在认真倾听学生回答的基础之上的。

下面这段师生关于朱自清《背影》的对话能展现教师优秀的追问技术。

生：父亲对我很关心，分别的时候，他嘱托我路上要小心……

师：孩子，你用错了一个词。不是"嘱托"，是……（生看书）

生：哦，是"嘱"。

师：这两个词看起来差不多，可是情味大不相同。"嘱托"是对……

生：茶房。

师："嘱"是对……

生：我。

师："嘱托"是叮嘱加上……

生：托付。

师：对，托付，把孩子托付给别人。所以，临别时，对茶房是既"嘱"又"托"。在第4自然段，对茶房是什么呢？（生看书，寻找）

生：再三嘱咐。

师：那个时候还不是分别的时刻，所以是"嘱咐"，还没有"托"。但这个词语前加上了"再三"，你看出什么了？

生：父亲对茶房说了一遍又一遍，还是不放心。

师：对。这一遍又一遍就是爱啊！临别时刻，对我，则是"嘱"了。"嘱"和"嘱咐"有何不同？

生："嘱"感觉更亲切。

师：想象一下，父亲叮嘱我的内容。

生：很多很细。

师：父亲叮嘱我的神情。

生：很温和，很耐心。

生：也很急切，怕说不完。

师：父亲叮嘱我的距离。

生：他和我隔得很近，不厌其烦，絮絮叨叨。

师：孩子们，有人说，在这个世界上，只有父母对子女，才会有真正的"嘱"啊！明白了吗，孩子？不能把"嘱"读为"嘱咐"或"嘱托"。

追问的时机和场合要掌握好。当学生状态低迷、思维肤浅、举棋不定、钻牛角尖的时候,追问能激发学生探究学习的热情。追问技术性话语举例如下:

"我想知道你为什么会这样说?你能给大家解释一下吗?"

"我想大家还没太清楚你的意思,怎样理解你的观点?"

"你对这件事是如何认识的?"

"你想一想,我们以前学过类似的问题吗?"

"再往深处想想看,这个问题说明什么?"

"它和我们平常所接触到的有何不同?为什么会有这样的不同?"

"你觉得他们两个人的观点有何相同和不同呢?"

第二个技术:佯误

教师有时要学会假装不知道。"好的课堂,是上着上着老师就不见了。"——台湾著名教育家李玉贵说。

在一节写字课上,老师范写的一个字结构不好,被学生发现了。老师本想立即改正,但看到孩子一本正经的可爱样子,就假装疑惑,不明白问题出在哪里。全班学生一下子好像发现了新大陆,谁都想说上两句。这位老师以此为契机,让学生自由点评,学生七嘴八舌,各有道理,并主动纠正了老师这个字的写法。

佯误背后,折射的是教师以学生为中心的教学理念,教师不是持有真理的上帝。佯误有助于师生成为平等的学伴,将思考的主动权交给学生,激发他们探究的兴趣,让学生更有自信。

某教师在执教《秋天的怀念》时,在读"她常常肝疼得整宿整宿翻来覆去地睡不了觉"时,故意把"睡不了觉"读成"睡不着觉"。一学生举手说:"老师您读错了。"教师乘机问学生"睡不了觉"和"睡不着觉"有什么不同。学生一说:"都是说无法入睡。"学生二说:"两者不一样,有人身体好好的,也'睡不着觉',而'睡不了觉'是说妈妈病得非常厉害,疼得她不能入睡。"

学生三说："妈妈的病非常重，剧烈的疼痛让她整宿睡不了，自己身患重病却仍小心翼翼地关心、安慰着自己的儿子，多么坚强、多么无私、多么伟大的母亲啊！"学生通过对比，深化了情感体验，真切体悟到母爱的伟大。

教师要善于"示弱"和"装傻"。

"这段话老师总是读不好，你们能帮帮我吗？"

"他这个观点我好像没太听懂啊，谁能帮他解释一下？"

"不对啊，我怎么觉得他跟我的说法不一样啊？到底是他错了，还是我错了？"

"你提的问题老师也不知道怎么回答，下课后我们查查资料再一起讨论，好吗？"

"这节课的知识点有点儿多，我想画个思维导图，却没有好的思路，谁能到黑板上做个示范？"

这样，教师"傻"了，学生就变"聪明"了。

第三个技术：插话

学生是"逗哏"，教师是"捧哏"。"捧哏"对"逗哏"讲的内容，或同意，或反对，或敬佩，或讥讽，或提问，或补充，话虽简短却十分重要，能起到点缀、帮助、渲染气氛的作用。

插话艺术：教师要对学生的学习进行帮助、启发、鼓励，特别是在师生对话时，教师更要学会当"捧哏"，让学生的学习更上一层楼。

1. 穿针引线。

可"赞"——当学生回答问题时，教师可以用肯定的语气，如"对""好""当然啦""就是嘛""没错""可不是吗"等，鼓励学生说下去。

可"疑"——当学生的回答有明显错误时，教师可用"是吗""如果这样的话，那么……"等话语提出自己的疑问，纠正学生的思维。

可"吐"——就是先肯定再否定，如"你的回答很有条理，只是声音低了点""你的声音真好听，只是有几个音读错了"。

可"引"——当学生回答问题想说又说不清时，教师可提供一些词语、句式等引导学生说清。

2. 煽风点火。

在课堂教学中，当学生不想、不敢读和说时，教师要"煽风"，想办法激发学生读、说的兴趣。可运用鼓励性的语言，如"不要怕，说错了不要紧""不错，继续说"等，并在课堂上采用比赛、评奖等方法激励学生。当学生在读、说的过程中遇到困难，读不下去或者说不下去的时候，教师要"点火"，再次点燃学生说、读的信心。

在《镇定的女主人》教学课堂上，有名学生给"姆"字组词为"养母"。班上学生哗然。教师微笑着示意其他学生安静下来："你们别急，他没说错，只是没说完！"接着又转向那名学生："你说得对，是'养母'的'母'……"学生在教师的点拨下顿悟了，连忙说："是'养母'的'母'加上一个女字旁，就是'保姆'的'姆'了。"教师在学生表达的火焰将要熄灭时，又重新点燃了学生说的信心。

3. 火上浇油。

在课堂上，当学生学习的"火"在燃烧时，教师要"火上浇油"，让这"火"烧得更旺。

一节课上，师问："图上画了什么？"生答："画了小草、柳树还有小鸟。"师说："你能说具体点吗？如小草、柳树怎么样？小鸟在干什么？"生答："小草嫩嫩的，柳枝长长的，小鸟在空中飞来飞去。"师说："不错，有进步。你能再把句子说得更生动些吗？你可以把它们当作人来说。"生说："一棵棵小草从睡梦中醒来，它们破土而出，舒展着幼嫩的绿叶。柳树像美丽的姑娘在春风中翩翩起舞。天上的小鸟飞来飞去，快乐地唱着动听的歌曲。"通过教师的一步步引导，学生的语言由不具体到具体，由不生动到生动，学生越说越好，思维和语言得到了发展。

4. 挑拨离间。

教师要竖起耳朵倾听，如果发现"漏洞"，立即"挑拨离间"，引导学生互相质疑，互相辩论。

一节课上，老师教完《孔子游春》孔子论水那段后，一名学生举手说："我觉得水不是真君子，因为水发起怒来，会冲毁家园，毁灭城市，给人们造成巨大的损失。"教师一听觉得很新鲜，随即"挑拨离间"："他说得似乎很有道理，谁有不同意见，对他进行反驳？"话音刚落，一名学生反驳道："我觉得水是真君子，水的这些暴行说到底是人类自食其果，人类不注意爱护水，乱砍滥伐，向水中排放废水、乱扔垃圾，等等，所以水才给人类一点儿颜色瞧瞧。"

第四个技术：评价

在以下的比较中认清评价的内涵。

评价：教师对学生回答的内容进行评价。

追问：教师针对学生的回答展开追问。

纠正：教师对学生回答中的错误进行纠正。

复述：教师复述学生的重要答案。

重述：教师变换不同词语重述学生的答案。

归纳：教师将学生的答案进行梳理，使其条理化。

查核：教师查核其他同学是否理解或赞同该回答。

延伸：教师根据学生的答案，联系其他内容，引导学生回答另一个问题。

扩展：教师根据学生的答案，引入新的学习内容，让学生思考更深层次的问题。

课堂评价不仅是对学生学习成果进行评估，更是一个促进教学改进、激励学生学习、推动教师专业发展、增强课堂互动、培养批判性思维和实现个性化教学的重要工具。

1. 下面是一个失败的案例。

一位教师在讲述初中历史武则天相关内容的时候，提出了一个问题："中国历史上有几位女皇帝？"

同学1说："两位。"

老师追问："哪两位？"

同学1回答："武则天和慈禧。"

老师没有进行评价，而是叫了另一位同学，问："中国历史上有几位女皇帝？"

同学2："中国历史上只有一位女皇帝——武则天。"

然后老师请同学坐下，重复了第二位同学的话："中国历史上只有一位女皇帝——武则天。"但并没有对第一位同学的回答做出评价。

这一教学片段中，教师没有及时对第一位同学的回答做出解释，或许会让该同学疑惑为什么慈禧不是女皇帝。教师在课堂提问中缺乏及时的评价，可能会影响学生对某一知识点的理解，也会影响教师对该同学学习状态、对自身教学效果的把握。

2. 下面是一个成功的案例。

当学生已经学习了轴对称图形的概念后，教师出示了一组图形（图4）让学生判断它们是否是轴对称图形，其中有一个一般的平行四边形。师生之间发生了一段对话。

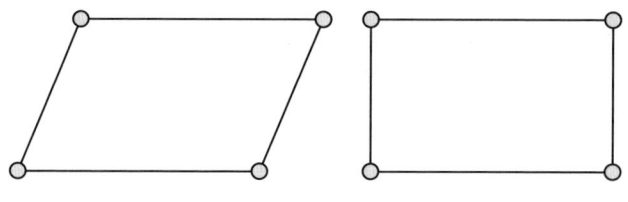

图4　平行四边形与长方形

生1：我认为平行四边形是轴对称图形，因为将平行四边形分成两个部分，这两个部分可以完全重合。

师：其他同学认为呢？

生2：不是，因为平行四边形沿着轴线分开的两个部分不能重合。

师：我想和你握一握手！我与你握手并不是因为我赞同你的意见，而是因为你给我们的课堂带来了第二种声音。大家想一想，如果我们的课堂只有一种声音，那是多么单调啊！

生3：我们可以动手剪一下这个图形，看能不能沿着轴线剪成完全相同的两个部分，不能的话，就不是轴对称图形了。

在进行操作实践后，第一个学生改变了自己的看法，知道了平行四边形不是轴对称图形。

师：你的退让让我们更接近真理！

老师没有急于给出标准答案，而是重视学生的自我评价。在第一个学生回答之后，通过征求其他学生的意见引入学生评价；给第二位同学提出的不同观念以肯定；随后将问题抛给学生，鼓励学生给出不同观点和原因。在这一过程后，第一位同学主动调整了自己的观点，由同伴评判达到了自我评价。

随着教育教学理念的不断演进和教育技术的持续革新，课堂追问技能有着无限的发展潜力和广阔的探索空间。我们期待未来的教师能够站在更高的视角，运用更先进的教学方法来优化追问策略，通过大数据分析学生的学习困惑点从而精准追问，借助虚拟现实等技术营造更具沉浸感的追问情境。相信在全体教育工作者的共同努力下，课堂追问将成为一种艺术，一门科学，它将深度融入教学的血脉，为学生打开一扇又一扇知识与智慧的大门，让教育的花园因富有深度与活力的追问而繁花似锦。

第四辑　课堂的控制系统

 **课堂要有效利用错误资源**

在日常的课堂教学场景中,我们不难发现这样一种普遍存在却又常常被忽视的现象:学生在回答问题、进行课堂练习或者小组讨论时会出现各种各样的错误。这些错误就像一颗颗隐藏在教学流程中的小石子,有的教师选择快速地纠正并跳过,而有的教师却能敏锐地捕捉到其中蕴含的宝贵教学契机。事实上,课堂中的错误资源犹如一座尚未被充分挖掘的宝藏,如果能够有效地加以利用,将会为教学注入新的活力,极大地提升课堂教学的效率与质量。

如何对待课堂中的学生错误

我们可以自问:当学生回答错误的时候,我要做何选择呢?粗暴打断,让其他人重说?急忙纠正,怕打乱了秩序?置之不理,把学生放在一边?

课堂是允许学生犯错误的地方

学生在课堂上犯错误是不可避免的,这是他们成长和学习的一部分。利用错误可以帮助学生识别知识盲点和纠正误区,从而更好地掌握知识。利用错误可促使学生主动思考和探索,而不是被动接受知识。通过利用错误,教师可引导学生学会独立思考和解决问题。错误可以被视为创新的起点。在解决问题的过程中,学生可能会发现新的方法或思路,这有助于培养他们的创新思维和创造力。当学生知道他们的错误是被接受的时,他们可能会更积极地参与课堂讨论和活动。这种开放的态度可以增强学生的学习动力和自信心。

要由关注"对"转向关注"错"

要充分利用错误信息反馈这一软性教学资源，助力学生进行真正的学习，提升学习的质量。一要学会积极评价："回答得很有趣，动了脑筋，不过要是按照给定的条件会怎样呢？""没关系，再好好想想""想好了再补充""听听其他同学有没有不同见解"。教师绝不能用讽刺、挖苦、责骂的评价语句对学生的回答进行全面否定，而要用积极的评价方式，即用柔性的、分析的话语指出错误所在及出错的原因，同时肯定正确的部分并予以鼓励。二要学会耐心等待：教师要进行延迟性评价，即当发现学生的回答有"越轨"的苗头时，不要一下子扼杀，要鼓励他们畅所欲言，把想说的全部说出来，给足学生时间。充分暴露学生原始思维的问题，才能更好地了解学生的"最近发展区"，尊重起点，激励发展，促进成长。

课堂应该是一个允许学生犯错误，并从中学习和成长的环境。教师应该利用错误，将其作为教学资源，引导学生分析犯错原因，找出解决方案，并在此过程中深化学生对知识的理解，提高学生分析与解决问题的能力，助力学生健康、可持续地成长。

课堂错误资源的类型

课堂错误资源的类型有多种，一般情况下可以分为以下几种。

知识性错误

这是学生在学习过程中由于对概念、原理等知识的理解有偏差而产生的错误。例如，在数学学习中，学生可能混淆函数的定义域和值域；在物理学习中，对牛顿第二定律的应用条件理解错误；等等。

技能性错误

学生在操作技能方面出现的失误。如在物理、化学实验中，操作仪器的顺序错误，或者在生物实验中对标本的观察方法不当。

思维性错误

这反映出学生思考问题的逻辑缺陷。比如在解决数学应用题时，不能正确分析题目中的数量关系，采用错误的解题思路。

理解错误

学生可能对某些概念理解不准确。例如，在分数的理解上，学生可能错误地认为分数的分子和分母可以随意交换，导致计算错误。

计算错误

在数学、物理的学习中，学生可能会在加减乘除的运算上出错。例如，在进行多位数的加法运算时，学生可能会在进位时出现错误，或者在乘法运算时漏掉某些乘数的计算。

概念混淆

学生在学习各学科时，可能会将不同的概念混淆。例如，在学习几何图形时，可能会将长方形和正方形的性质弄混，从而导致在解题时出错。

时间管理不当

在课堂测试或作业中，学生常常因为时间管理不当而未能完成题目，或者在某些题目上耗费过多时间。

错误动作

在体育课程中，学生可能会出现错误的动作。如跑步中摆臂幅度小，或者在双手向上垫排球时，手臂没夹在一起。

这些错误不仅是学生学习过程中的一部分，还可以作为教师用来调整教学策略、改进教学方法的重要反馈信息。在教学中，教师应该充分利用这些错误资源，通过针对性的辅导和讲解，帮助学生理解和掌握知识。同时，教师也应关注课堂生态环境的营造，促进学生之间的有效互动，以减少非认知性错误的发生。

有效利用课堂错误资源的重要性

在课堂教学中，有效利用错误资源的重要性体现在以下几个方面。

提高学生分析问题的能力

正确应用错误资源可以显著提高学生自学和解决问题的能力。面对错误，若能得到教师恰当的指导，学生则能够分析造成错误的原因，及时调整自己的解题思路，进一步提升独立分析问题的能力。

提升学生的批判性思维能力

错误资源的恰当使用还能提升学生的批判性思维能力。在学科教学中，错误不应被视为失败的标志，而应作为深化概念和原理认识的重要途径。面对错误，学生需要重新审视所学内容，以批判性思维检视自己的解题途径。

维持学生的学习动力

错误资源的有效利用，可以促进学生保持学习动力。部分学生在学习中常因犯错有挫败感，但是如果将错误视为学习的一部分，并从中吸取教训，学生就能够将其转化为动力。

培养学生解决问题的能力

有效运用错误资源不仅有助于学生掌握学科知识，还能够培养他们解决问题的能力。面对问题，学生可能会采取不同的策略和方法。

激发学生学习的热情

在各学科的学习过程中，学生发生错误是不可避免的情况，而教师处理这些错误的方式对学生的学习心态与成效有着重要影响。通过引导学生从错误中发现规律和原理，教师能够帮助他们建立更为主动的学习态度，进而提高他们的学习动力。

深化学生对学科学习的认知

学生在学科学习中所犯的错误不仅揭示了他们对某些概念的认识不深入，还为他们提供了优化认知过程的绝佳机会。教师巧妙地利用学生展现的错误，可以有效地深化学生对学科知识的理解。

帮助学生养成良好的学习习惯

许多情况下，并非学生无法掌握或理解相关知识，而是他们尚未建立稳固的学习习惯。教师可以通过指导学生分析错误，帮助他们学会如何在遇到困难时寻找解决问题的有效途径。

这些策略不仅有助于提高教学效果，还能培养学生的合作精神和批判性思维，使他们在"去伪存真"的过程中不断增长知识、形成智慧。有效利用错误资源对于提升学生综合素质和解决实际问题的能力具有重要作用。

将课堂错误资源转化为教学契机的方法

在课堂上将错误资源转化为教学契机的方法包括以下几种。

容错，等待花开

当学生在学习过程中出现错误时，教师不应立即批评或纠正，而是要引导学生对错误进行分析和评价。这种方式可将错误转化为一种有价值的学习资源，让学生从错误中吸取经验教训，逐步完善自己的知识体系。

试错，引导入理

教师可以有意制造一些错误，让学生在经历错误的过程中理解正确认知的形成过程。通过这种方式，学生能够学会辨析、比较与判断，透过现象看本质，从而更好地掌握知识。

纠错，引辨悟道

教师要善于抓住学生学习进程中的"错误发生地"，将学习中的盲点和死角变成教学中的亮点和广角。这种方式可激发学生的探究欲望，培养学生的探索精神和创造能力。

借错，务中求实

教师要学会智慧地把学生课堂上的错误放大、再放大，不急于否定学生的错误观点。要让学生充分暴露自己的观点，因为对错误认识得越深刻、越全面，越能促进对概念的理解。

巧用名家对待差错的故事

可以收集一些科学家对待差错的故事，每周阅读时让学生讲这些故事，来帮助学生认识"错误是创造的开始"。

课前巧妙预设错误陷阱

在课堂教学实践中，教师可以根据教学重难点及学生容易出错的知识点合理地预设错误陷阱，让学生积极地展开讨论，发表自己的见解，从而能够有效地突破教学难点，并能很好地让学生规避错误。

引导分析错误

教师不要直接告诉学生错误的原因，而是要引导学生自己去发现问题所在。例如，在语文作文批改中，可以让学生互相批改，找出彼此作文中的逻辑漏洞或语法错误，并分析原因。

课中捕捉有效错误资源

在课堂上，遇到有效的错误资源，老师可以将错就错，顺水推舟，把学生带入"柳暗花明"的境地。要让学生掉入陷阱，展开讨论，最后爬出陷阱，享受解决问题后豁然开朗的快乐。

课后反思错误

老师经常说这样一句话："我工作很忙，没有时间思考。"那为什么有的老师看起来教得很快乐，学生学得很快乐，教学效果也非常好呢？我们何不换个角度想一想，是不是因为我们没有思考，所以工作很忙呢？课后的反思尤为重要，只有不断地反思总结，才能真正地提高教学效率。

建立错误资源库

教师在进行教学的过程中会遇到各种各样的学习错误，学生在练习的过程中也会出现不同的错误，这些错误不仅涉及范围较广，产生的原因也各不相同，因此，建立错误资源库，是利用错误资源的有效手段。

拓展错误资源

以一个学生的错误为起点，引导学生思考可能出现类似错误的情况，进行举一反三式的学习。如在英语语法教学中，一个学生在时态使用上出错，教师可以让学生总结出所有容易混淆的时态用法。

这些策略不仅可以帮助学生从错误中学习，使课堂互动更加生动和富有成效，而且能够提升课堂教学的效果。教师在课堂上要时刻关注学生的学习状态，及时发现学生出现的错误，这需要教师具备敏锐的观察力和丰富的教学经验。

在教育不断发展变革的今天，课堂有效利用错误资源已经成为提升教学质量的关键环节。随着教育理念的进一步更新和对学生学习过程研究的深入，我们相信，未来教师利用错误资源的能力将不断提高。借助先进的教育技术和多元的教学方法，错误资源将被更加精准地捕捉、分析和利用。这将促使课堂从传统的单向知识传授场所转变为一个互动性强、充满活力的知识共创空间。学生将在错误资源的滋养下，发展出更强的批判性思维、解决问题能力和自主学习意识，从而更好地适应未来社会复杂多变的需求。

第五辑　课堂的支持系统

在课堂支持系统中，养成一个习惯：提前三分钟候课；克服一个顽疾：不做"拖堂专业户"；尝试一个做法：创建魅力教室，调整教室的环境，让班级环境有个性、有画面、有功能，能充分体现学生的自主设计；通过精心打造物质环境、营造文化氛围、构建和谐人际关系，完善制度文化，为学生创造一个有利于学习和成长的优质空间。这不仅有助于提升教育教学质量，更能培养学生的综合素质，为其未来发展奠定坚实的基础。

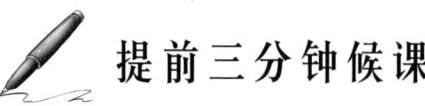# 提前三分钟候课

在教育教学的日常环节中,有一个容易被忽视却蕴含巨大潜力的时段——提前三分钟候课,也就是教师的候课环节。这短短的三分钟,看似微不足道,却如同涓涓细流,汇聚起来能够在教育的长河中产生深远的影响。通过牺牲这三分钟的时间,我们能够建立长效的教育机制,为教学效果的提升和师生关系的优化奠定坚实的基础。

教师候课好处多

提前三分钟候课,能让教师提前调整状态,从课间的忙碌转换到教学的专注,以饱满的精神迎接学生。同时教师能与陆续到来的学生进行眼神交流互动,起到提醒作用,让学生迅速安静下来并集中注意力,为即将开始的课堂营造良好的氛围。

设备与材料检查

提前三分钟到达教室,教师有足够的时间检查教学设备(如多媒体设备、投影仪、音响等)是否正常运行,确保教学材料(如教案、课本、练习册、演示道具等)齐全。这一简单的准备过程可以避免在正式授课过程中由设备故障或材料缺失而导致的教学中断,保证教学流程的顺畅性。

教学内容的回顾与调整

教师可以利用这三分钟迅速回顾本节课的教学内容、重点和难点。根据即时的思考,对教学内容进行最后的调整。例如,在回顾过程中,教师可能突然想到一个更生动的案例来解释某个抽象的概念,或者意识到需要调整某

个知识点的讲解顺序以更好地符合学生的认知规律。

吸引学生的注意力

当教师提前出现在教室里，学生会不自觉地将注意力从课间的嬉戏打闹转移到即将开始的课堂学习上。教师可以通过自身的言行举止，如站在讲台上整理教具、在黑板上简单书写与本节课相关的内容等方式，无声地向学生传达课堂即将开始的信号。这种自然的注意力转移比在正式上课铃响后再去强行集中学生的注意力要有效得多。

维持课堂秩序

候课期间，教师在教室里的存在本身就是一种秩序的保障。教师可以及时制止学生的不当行为，如过度喧哗、追逐打闹等，使教室在正式上课前就处于一种相对安静、有序的状态。有序的课堂环境有助于学生更好地进入学习状态，提高学习效率。

为知识传授节省时间

由于在候课期间已经做好了充分的准备，教师在正式授课时可以更加紧凑、高效地进行知识传授。不需要在教学过程中，因为设备问题或者教学内容的突然调整而浪费时间进行解释或者重新组织。例如，原本可能在正式上课后花费几分钟时间去调试投影仪，现在这部分时间就可以用来讲解重要的知识点。

增强课堂节奏感

候课有助于教师更好地把握课堂的节奏。在这三分钟里，教师可以在心里对整堂课的节奏（如导入、每个知识点讲解的时长、何时进行互动环节等）进行初步规划。这样在正式授课过程中，教师能够更精准地控制教学进度，使课堂节奏明快而有序，避免出现前松后紧或者节奏混乱的情况。

候课是师生交流的黄金时段

短短的候课三分钟,如同潺潺溪流滋润心田,拉近师生距离,架起一座无形却坚实的情感桥梁,为即将开始的课堂教学营造积极、和谐、充满活力的氛围。

增进师生了解

在候课的三分钟里,教师可以与学生进行轻松的交流。这种交流可以是关于学生课间活动的询问,也可以是对学生近期学习情况的关心。通过这些简短的对话,教师能够深入了解学生的兴趣爱好、生活状态等,让学生感受到教师的关注和尊重。同时,学生也能更加了解教师,拉近师生之间的心理距离。

培养积极的师生关系

积极的师生关系是教学成功的重要因素。候课期间的交流是培养这种关系的绝佳机会。教师的微笑、鼓励的话语会让学生对课堂产生期待和好感。当学生感受到教师的善意和关心时,他们会更愿意在课堂上积极参与、主动学习,并且更能够接受教师的批评和指导。

知识掌握情况反馈

教师可以利用候课时间询问学生对上节课知识的掌握情况。例如,教师可以简单地问学生:"上节课的那个公式大家都理解了吗?""有没有什么疑问?"通过学生的回答,教师能够及时发现学生在知识理解上存在的漏洞,从而在本节课的教学中进行有针对性的复习或者强化。

学习困难与期望值

学生可能在学习过程中遇到各种各样的困难,候课时间为他们提供了一个向教师倾诉的机会。同时,教师也可以了解学生对教学方式、教学内容的期望,例如,学生希望教师多增加一些小组讨论环节,或者希望在讲解某个知识点时能够多举一些实际生活中的例子等。教师根据这些反馈可以调整教学策略，以更好地满足学生的学习需求。

候课要注意的问题

候课时，教师需要注意以下几个关键问题，以确保学生能快速进入学习状态并提高课堂学习效率。

确保准时

教师必须严格把握时间，确保提前三分钟到达教室。既不能过早，以免影响学生课间正常的休息和活动，也不能过晚，否则就失去了候课的意义。教师可以借助手表、手机等工具来准确掌握时间，养成良好的时间管理习惯。

合理分配三分钟

这三分钟需要合理分配，不能仅仅将其用于教学准备或者与个别学生的交流，而忽视了对整体课堂氛围的营造和全体学生的关注。例如，可以用一分钟检查设备和材料，一分钟与学生进行互动交流，最后一分钟在心里对教学内容进行最后的梳理。

保持积极的态度

教师在候课期间的态度应该是积极、热情的。微笑、眼神交流、亲切的问候等都能够向学生传递正能量。避免因为个人情绪或者教学压力而在候课期间表现出不耐烦、冷漠等负面情绪。

言行的规范性

教师的言行要符合教师的身份。在与学生交流时，语言要文明、得体，避免使用粗俗或者不恰当的语言。同时，教师的行为也要起到示范作用，如保持良好的站姿、坐姿，不乱丢垃圾等。

深入地备课

候课的高效性建立在充分备课的基础之上。教师在课前应该对教学内容进行深入的研究和精心的设计，包括教学目标的明确、教学方法的选择、教学环节的安排等。只有这样，教师在备课期间进行的教学内容回顾与调整才能有的放矢。

应急预案的准备

尽管在候课期间已经对教学设备和材料进行了检查，但仍然可能会出现一些突发情况。教师应该在备课过程中准备好应急方案，如设备突然出现故障时的替代教学方法、学生提出意料之外的问题时的应对策略等。

提前三分钟候课，也就是教师的候课环节，虽然只是教育教学过程中的一个小细节，但它所带来的好处却是多方面的。通过这三分钟的投入，我们能够建立长效的教育机制，该机制在优化教学准备、营造学习氛围、提升教学效率、促进师生交流等方面发挥积极的作用。当然，要想充分发挥候课的价值，教师需要注意时间管理、言行举止和教学准备等方面的问题。在教育的舞台上，每一个小环节都值得我们用心去雕琢，候课就是这样一颗虽小却璀璨的明珠，它将在构建高质、和谐的教育环境中持续发光发热。

不做"拖堂专业户"

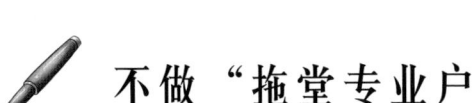

在校园的学习生活中,拖堂是一种常见却又颇受争议的现象。时间对每个人都是公平的,在学校的课堂里更是如此。然而,总有一些拖堂现象打破这种时间的平衡。它像一个小插曲,常常打乱了学生的课间休息计划,影响了学生下一节课的状态。老师的出发点可能是好的,但拖堂可能会适得其反。那么,怎样才能避免成为"拖堂专业户"呢?这是每一位教育工作者都应该思考的问题。

拖堂带来的问题

长时间的课堂学习会让学生的身体处于相对静止状态,而课间休息和体育活动是缓解疲劳、放松身心的重要方式。严禁拖堂,让学生有足够的时间走出教室,到操场上活动,有助于增强体质,预防近视、肥胖等健康问题。

影响学生的生理和心理健康

课间休息时间虽然短暂,但对学生来说非常宝贵。这段时间他们需要去卫生间、活动身体、补充水分等,以缓解学习压力。拖堂会剥夺学生满足这些生理需求的时间,长期下来会影响学生的身体健康。拖堂还会给学生带来心理上的压力。学生在校园里不仅学习知识,还与同学交往、参加各种活动。课间休息是他们放松心情、释放压力的重要时刻。拖堂会让他们感到焦虑和沮丧,觉得自己的时间被剥夺,这种负面情绪会逐渐积累,影响他们的心理健康。

影响课堂教学质量

学生在经过一段时间的高强度学习后，大脑处于疲劳状态。下课铃声通常意味着学生需要休息和调整，准备下一节课。如果此时老师拖堂，学生的注意力很难集中，学习效率会大幅下降。拖堂可能导致学生在课堂上无法充分理解和吸收知识，因为他们没有足够的时间休息和准备，这会影响他们的学习效果和课堂参与度。拖堂行为还会让学生感到不公平，因为他们也需要课间休息来准备下一节课，拖堂行为可能会引起学生的不满和抱怨。长期如此，会导致学生对学习产生厌烦情绪，影响学习成绩和课堂教学质量。

影响师生间的和谐关系

拖堂意味着学生的课间休息时间被占用，这直接影响了他们的休息和放松，可能导致学生感到疲惫和压力增大。拖堂使学生对老师产生不满情绪，认为老师不考虑他们的感受，只关注自己的教学任务。这种不满情绪可能会导致学生在课堂上不积极配合老师，甚至产生抵触心理。这种不满情绪的累积肯定会影响师生关系的和谐发展。

影响教师间的和谐关系

拖堂会导致一天的教学时间被打乱，影响下一节课的教学安排。当教师为了完成当堂内容而拖堂时，会给紧接着授课的教师带来时间上的压力，可能导致下一节课也受到影响，进而影响整个教学进度。拖堂现象还可能导致下一节课的教师心中不悦，因为他们可能已经安排好了教学计划，而拖堂打乱了他们的教学节奏。这种不满可能导致教师之间产生隔阂，甚至引发矛盾与冲突。

拖堂不仅影响学生的身心健康和学习效率，还可能导致教学秩序混乱、师生关系紧张、侵犯学生自由，以及降低教学质量。因此，建议教师合理安排教学内容和时间，杜绝拖堂现象的发生。

第五辑　课堂的支持系统

下课铃声就是命令

上课铃、下课铃都是规则，都是命令。老师如果视规则为儿戏，怎么指望学生今后循规蹈矩？

学会紧急刹车

下课铃响立即停止授课，不再开始新的讲解或讨论，以免占用学生的休息时间。下课前最后五分钟快速总结要点，简要回顾本节课的主要内容和学习目标。下课前最后一分钟布置作业和提醒事项，清晰地告知学生当天的作业要求和需要注意的事项。铃声一响，明确宣布下课了，并示意学生可以离开教室去活动。下课后教师提醒学生带走个人物品，并协助整理教室桌椅。教师还可以与个别学生简短交流，如果有必要，可以快速交流课堂表现或答疑解惑，但要注意控制时间。

内容设计合理

上课一定要做到不拖堂，这是优秀教师的标配。拖堂，无非是老师觉得预设的内容没有讲完，不讲完，觉得对不起自己辛辛苦苦的备课，对不起自己的良心。不讲完，学生咋办？因此，教师的课堂设计要讲究科学，考虑要周到。课堂会有突发事件的，老师一定要想到这一点，预留一些处理突发事件的时间；在设计课堂时，要留下足够的等待时间，提出问题时，要有等待时间，让学生有时间思考；在评价学生时，要给自己留下思考时间，准备好措辞评价学生。当课堂流程设计科学了，课堂教学变得从容了，就能实现按时下课。

防止时间安排前松后紧

要防止课堂前松后紧导致拖堂，可以采用以下几个策略：①合理规划教学内容。在课前充分准备，明确课堂上每一部分内容的时间分配，确保教学效率。突出重点，避免面面俱到，确保在规定时间内完成核心教学内容。②精细管理课堂时间。课前检查教学材料，确保不会因准备不足而浪费时间。

设定明确的时间节点,通过倒计时的方式提醒学生和老师剩余的时间,帮助双方更好地管理课堂节奏。③优化教学方式。采用有效的教学方法,如小组讨论、互动问答等,增加学生的参与度,提高教学效率。④避免冗长的讲解。尽量做到精讲精练,确保在规定的时间内完成教学任务。通过这些策略,可以有效控制课堂时间,避免前松后紧导致的拖堂问题,确保课堂的高质和有序进行。

理念需要创新

拖堂讲的内容,效果是非常差的,几乎跟不讲没什么区别。对拖堂的老师来说,可能有心理安慰作用,觉得这个问题我讲了,会不会是学生的事了。这种认识应该改变,不应该把讲了作为自己的职业操守,而应该把学生会了作为自己的职业追求。对于绝大多数学生来说,下课铃声一响,他们的心早飞到了课堂外,无心再陪老师拖堂了!心不在,耳朵也不在了!下课铃响了,要学会用几句话来结束课堂,这几句话,可以在备课时就想好,不用啰唆。记得有一句歌词,"有一种爱叫作放手",该放手时就放手,该下课时就下课。一堂课结束了,还有下一堂课。及时下课,正好为老师下一节课的导入新课留下伏笔,强迫自己对上一节课的内容进行复习,其实也是一种很不错的选择。这样做,也是符合学习科学的。

自然形成习惯

准时下课是教师职业责任和专业素养的重要体现。根据相关规定,教师应按照课程表准时上下课,不迟到、不早退、不缺课、不拖堂、不加课、不加重学生负担,密切关注学生的身心健康。任课教师在教学过程中应确保按时完成教学任务,不随意延长教学时间,以免影响学生的休息和下一节课程的安排。此外,教师在课堂上应维护良好的教学秩序,营造良好的学习环境,避免处理与教学无关的事宜,确保教学计划的严格执行。教师准时下课,可以培养学生遵守时间管理的习惯,提高课堂质量,同时也有利于学生的全面发展和身心健康。

下课铃声被视为命令，它不仅是一个简单的时间信号，更是学校秩序、纪律的象征，指导学生和老师按照规定行动，确保学校教育的有序进行。

掌握准时下课的艺术

掌握准时下课的艺术，关键在于对课堂时间的合理规划和控制。以下是一些比较实用的策略，老师可以大胆去尝试。

设置缓冲时间

在预计下课时间前 5～10 分钟开始做收尾工作。这样即使出现意外情况也有余地调整而不至于超时。

利用课堂工具

使用多媒体设备中的计时器功能。制作 PPT 时加入倒计时动画，提醒自己和学生时间。

课后反思与改进

每次课后回顾实际用时与计划用时的差异，并分析原因。根据经验和教训调整后续课程的时间安排和管理策略。

与学生沟通，明确期望

在学期初就和学生说明老师对准时下课的要求和理由。让他们知道这对提高他们的学习效率和自律性也有好处。

共同监督

鼓励学生之间互相提醒和监督彼此的时间管理。可以设立小组长或时间管理员来协助维持课堂节奏。

巧妙设计下课铃声

下课铃声由 3 个部分组成，开始 15 秒的预警铃声是一段轻巧活泼的民间舞曲，节奏柔和、舒缓。接下来，则是一段 20 秒的空白间歇。最后的 25 秒由颇具震撼力的进行曲来收尾，节奏急促、强烈，向每一位老师传递信号："现在必须下课了！"

按时下课不仅是一项技能，更是一种对教学工作的尊重和对学生时间的珍惜。通过不断实践和反思，相信我们会逐渐掌握这门艺术。

课堂的铃声如同美妙的乐章节奏，每一节课都是一个独特的乐段。拖堂就像是突然奏响的不和谐音符，打破了这种美妙的韵律。我们渴望在有限的时间里收获能力的发展与智慧的火花，而不是在无尽的拖沓中消磨热情与引发烦恼。所以，让我们怀着对知识的敬畏和对时间的尊重，告别拖堂。老师精心设计教学流程，科学把握教学节奏；同学们专心致志，积极提高学习效能。让每一节课都在恰当的时候画上句号，留下的是满足与期待下一次学习的美好心情。

 **创建魅力教室**

教室是学校教育教学活动的主要场所,一个充满魅力的教室不应仅仅是空间上的物理空间,更应是一个充满活力、积极向上、富有教育意义的成长环境。一个充满魅力的教室能够激发学生的学习兴趣、培养积极的情感态度和价值观,对学生的身心健康、学业成绩、人格塑造产生深远影响。随着教育理念的不断发展,创建魅力教室成为教育工作者不断追求的目标。

魅力教室的内涵

魅力教室是一种富有吸引力、感染力和教育力的教室环境。它融合了物质文化、精神文化、制度文化等多个层面。在这样的教室里,学生感受到尊重、关爱、鼓励、温暖,能够积极主动地学习和参与各种活动。

精心布置的物质环境

适宜的光线、温度和通风条件是基本要求。教室的布局要合理,桌椅摆放整齐且能灵活调整,以满足不同的教学需求。教室的智能化要求主要体现在信息技术与教育场景的深度融合,不仅是技术的堆砌,更是以教学需求为核心的生态系统构建,涵盖硬件集成、数据赋能、环境适配及安全可持续性等多维度,真正构建高效、互动、可持续的智慧教学环境。同时,教室的装饰应简洁、美观且富有教育意义,如张贴励志名言、学生的优秀作品、学科知识图表等。

浓厚的文化氛围

明确班级价值观,通过全班同学积极参与讨论、凝聚智慧,确定班名、班徽、班训、班歌、班级精神、班级目标等，并在班级文化角内展现出来。鼓励学生创新思维、展示个性，班级支持学生在学术、艺术、体育等多方面发展。

和谐的人际关系

师生关系融洽，教师要关爱学生、尊重学生的个性差异，成为学生的良师益友。教师应积极倾听学生的想法和需求，及时给予指导和支持。倡导同学之间相互尊重、包容和互助。通过小组活动等方式培养学生的团队合作精神和人际交往能力。

合理的空间布局

教室的空间应按照教学功能进行合理划分，如设置学习区、储物区、展示区、图书角等。在学习区的座位安排上，要灵活布局，采用可移动桌椅，便于根据教学需求调整；要确保所有学生都能清楚看到讲台和黑板，并留有足够的通道；要为小组讨论或合作学习设置分组座位，便于学生互动交流和教师走动指导。要重视照明与通风，尽量利用自然光，窗户应避免直射光，人工照明尽可能使用均匀的亮度，避免阴影和眩光；保持良好的空气流通，必要时使用空调或风扇。要建设储物区，为每个学生提供储物柜或储物区，设置储物柜或架子存放教具和材料。在展示区里，要经常展示学生作品或教学成果，让每一个学生的成长与教师的发展都能被看见。在图书角里尽量提供一些工具书、方法书、成长故事书、价值引领书等，为学生的学习提供方便，引领学生健康成长。

积极的制度文化

建立公平、合理、有效的班级规章制度，让学生参与制度的制定过程。完善奖励机制，及时肯定和鼓励学生的进步和优秀表现，激励学生多元成长。

学习文化的建设

学生主动参与学习，课堂高频互动，构建积极向上的学习氛围。热情鼓励自主学习、合作学习和探究学习。营造浓厚的读书氛围，经常在班级图书角开展读书分享活动。

教室本质是教育理念的物质化表达，在数字化浪潮中，其价值不在于对抗技术，而在于提供技术无法复制的在场感——当师生共享同一时空的呼吸节律与眼神交汇时，发生的不仅是信息传递，更是人类文明基因的仪式化传承。

创建魅力教室的意义

魅力教室是学校文化建设的重要组成部分，能够提升学校的整体形象和社会声誉。让每一个学生都有机会享受到优质的教育资源，引导青少年树立正确的世界观和价值观，培养具有创新精神和社会责任感的新一代人才，为强国建设贡献力量。

巴雷特教授的研究小组从每一间教室的大小和设计，以及像温度和湿度之类的多种环境因素方面着手，进行了系统研究，收集了学生在阅读、写作和数学3门课程上的学业水平数据。通过比较每个学生一年开始和结束时的学业水平变化，他们发现教室环境变量对一名学生进步的作用占到16%。可见，创建魅力教室有着极其重要的现实意义。

激发学生学习兴趣

魅力教室的环境和氛围能够吸引学生注意力，使他们更愿意投入到学习中。环境中的正能量可以增强学生的自信心和自尊心。舒适且有趣的学习空间能显著提高学生的学习效率和记忆力。

增强学生归属感

良好的班级文化和人际关系使学生感受到温暖和支持，形成强烈的集体荣誉感。魅力教师不仅关注学生成绩，还注重学生道德品质、身心健康和社会责任感的培养。

实现教师自我价值

积极向上的氛围有助于缓解繁杂工作给教师带来的紧张和焦虑感。更多的支持和资源可以减轻日常教学管理的负担。在魅力教室中,教师可以更好地施展才华,获得学生和家长的认可与尊重,实现教育理想和个人职业成长,增强教师的职业幸福感。

提升教育教学质量

积极的课堂氛围和有效的教学环境有助于提高学生的学习积极性和参与度,从而使教学活动更加顺利地开展,提升整体教育教学质量。

构建和谐校园文化

一个个充满魅力的教室是和谐校园文化的基础单元,它们的存在有助于形成积极向上、充满活力的校园文化氛围。

创建魅力教室是一项系统工程,需要学校、教师、学生及家长等多方面的共同努力和持续投入。它不仅关乎个体的成长,更关系到整个社会的进步与发展。魅力教室为学生提供了丰富的学习和成长机会,在良好的环境中,学生的身心健康、知识技能、品德修养等各方面都能得到更好的发展。

创建魅力教室的策略

创建魅力教室有利于营造积极的课堂氛围、设计互动性强的教学活动、打造舒适的物理环境、关注学生的个体差异,并助力学生的健康成长。究竟怎样创建魅力教室,关键是要充分调动师生的积极性。

教师的主导作用

教师要不断提升自身的教育素养,包括教育教学能力、班级管理能力等。教师要积极参与教室环境的规划和建设,根据班级特点和学生需求进行个性化的打造。

学生的主体参与意识

鼓励学生参与教室规则的制定，增强他们的自我管理意识。让学生参与教室的布置和维护，发挥他们的创造力，并培养他们的责任感。

整合多方资源

充分利用学校提供的资源，同时也可以争取家长的支持与合作，共同为提升教室的魅力贡献力量。

持续改进与创新

定期对教室环境和文化进行评估和反思，根据学生的变化和发展需求不断进行调整和创新。

家校合作

家长可以为教室的物质建设提供一定的资源支持，如捐赠图书等。家校共同探讨班级的精神文化建设方向，形成教育合力。

创建魅力教室是一项长期而富有意义的工作。精心打造物质环境、营造文化氛围、构建和谐人际关系和完善制度文化，有助于为学生创造一个有利于学习和成长的优质空间。这不仅有助于提升教育教学质量，更能培养学生的综合素质，为他们的未来奠定坚实的基础。只有通过教师、学生和家长的共同努力，不断完善教室的各项要素，才能构建真正意义上的完美教室，为学生的成长和教育事业的发展奠定坚实的基础。

后　记

今天，中国教育已经进入从规模扩张到质量提高的新时代。习近平总书记曾给教师寄语："积极探索新时代教育教学方法，不断提升教书育人本领。"这就要求我们转变教育观念，改革培养人才的模式，改进教育方式、方法，推进素质教育。提高教育质量，关键在于改进课堂教学。课堂教学是培养人才的主渠道，因为课堂教学是完成国家课程标准的主要途径。魅力课堂，是一种深入人心的教育模式，它宛如春风拂面，细腻而温暖，让学生在知识的海洋中自由遨游。这种课堂不仅尊重学生的美好天性，更激发他们的精神动力，让学习不再是枯燥无味的任务，而是充满乐趣和发现的旅程。

我从县域教育到地级市教育，后到省城教育，再到首都教育，经历了不同地域学校的一线教学与管理：历任教师、班主任、教研组长、年级组长、副主任、主任、副校长、校长、党委书记、集团总校长等职位；参与了幼儿园、小学、初中、高中十五年基础教育的研究与管理；兼具教学老师、学科竞赛教练、学校管理干部、人大代表、大学兼职教授、教育部专家、"国培计划"专家等多重身份。《魅力课堂实践指南》是我长达40年的教育教学经验和教育思考的总结和升华。

《魅力课堂实践指南》有3个基点：一是基于中共中央、国务院颁布的《关于全面深化新时代教师队伍建设改革的意见》（以下简称《意见》）中"把全面加强教师队伍建设作为一项重大政治任务和根本性民生工程切实抓紧抓好"的高度；二是基于新课标、新课程改革与新的招生考试制度改革的深度；三是基于《意见》中明确提出"培养造就数以百万计的骨干教师、数以十万计的卓越教师、数以万计的教育家型教师"的广度。而这3个基点的维度都指向课堂教学。因此，源于魅力教育实践的经验告诉我们：好的教师，源于好的课堂。好的教师，无不是在终身学习的道路上，不断超越自我；在课堂教学的探索中，不断突破自我，从而走上成功之路的。有鉴于此，我倾力将《魅力课堂实践指南》打造成解决课堂教学实际问题的教育教学经验指导大全，希望本书能帮助创新型教师的专业成长。

本书的内容包括教师修炼、课堂的动力系统、课堂的操作系统、课堂的控制系统、课堂的支持系统五大部分，其主要特点如下。

第一，有理念。本书指出好的课堂的关键特征是基于课程标准，促进知识迁移和能力养成；学生参与度高，点燃学生志趣等。教师要高度重视每节常态课，重视常态课的研究，提升常态课的质量，是提升教育质量的根本。同时，本书还总结了我多年的教学理念、教学方法、教学风格、教学特色及具体操作方法。

第二，有启迪。本书能引导广大教师读者改变机械备课（教学目标、学习重点、学习难点、课时安排）的观念。本书能引导广大教师读者从如何培养学生的关键能力和必备品格的角度思考，从学科核心素养的落实出发。本书围绕如何确定教学目标，如何对学情进行针对性诊断，怎样设计基本问题，根据什么设计教学活动，根据哪些因素设计作业等广大教师读者普遍关心的问题，与广大教师读者一起备课，一起研究具体问题。

第三，有真实情境。本书要求教学设计中要有真实情境，使课堂学习能与学生的生活相联系；本书对课堂中特别精彩或者对于解决重点问题特别关键的真实情境多加笔墨，加以描绘与挖掘；本书选取经典案例，使广大教师读者在引人入胜的经典案例中，体悟丰富而独特的"魅力"教学思想和教学方法。

第四，有可操作性。本书不仅写出师生的对话，在关键处描绘出教师的动作、学生的表情及课堂气氛的艺术调节等，使广大教师能更好地体验和学习魅力课堂的教学思想、教学方法、教学风格，而且每个经典案例都是我在教学设计—课堂教学—教学反思3个不同环节中反复推敲的结果，可启发广大教师。

后　记

　　总之，课堂只有充满魅力，才能对学生有吸引力，让学生愿学、乐学。教师自身的知识魅力和人格魅力都会在课堂教学过程中展现出来。教师的魅力从何而来？就在于教师不断地学习，提高自己的文化素养，提升教育智慧；不断地钻研教材、研究学生，提高育人的水平。

　　魅力课堂是一场深刻的改革行动，它改变了传统的教学模式，让学习变得更加自主和富有创造力。在这样的课堂中，学生不再是被动接受知识的容器，而是主动探索知识的勇士。他们敢于质疑、敢于创新、敢于挑战自我，从而能在未来的道路上，展现出更加耀眼的光芒。作为一名教育工作者，我曾经说过，要为党工作50年，我将牢记教书育人的宗旨，永葆为人师表的本色，勇担新时代人民教师的重任。

　　本书阐释了魅力课堂的概念，并探讨了怎么使课堂更具有魅力，是一本既有理论探索，又有操作实践，还有丰富教学案例的可读之书，是一本可供校长、教师及各地师范院校师生与有关科研院所教研员深入理解和研究魅力课堂的重要参考书！希望读书开卷有益。

二〇二五年三月